新潮文庫

生きがい

—世界が驚く日本人の幸せの秘訣—

茂木健一郎著
恩蔵絢子訳

新潮社版

11600

目次

生きがい

世界が驚く日本人の幸せの秘訣《ひけつ》

日本語版への序文

自分自身のことは、案外わからないものである。「他人」という「鏡」に映してみなければならない。今回、英語で本を書き、出版するという経験を通して、改めてそのことを痛感した。この本を書くことを通して、日本人にとっての〈生きがい〉、そして私自身にとっての〈生きがい〉について、改めて考えさせられたのである。

英語で本を書くのは、長年の課題であった。英語の本を書きたいという私の話を聞いて、二〇〇八年、東京に本拠を持つ出版エージェント会社、イングリッシュ エージェンシー ジャパンのウィリアム・ミラーさんに紹介して下さったのは、編集者の大場葉子さん。意気投合して、何かぜひにと言っていたのだが、ミラーさんが死去されたこともあり、思いを果たすことができなかった。

二〇一六年の十月、ミラーさんからエージェント会社を引き継いだヘイミッシュ・

マカスキルさんからメールが来た。ロンドンの出版社から、〈生きがい〉についての本のオファーがあったのだという。私は「やります！」と返事をした。それから、最初から最後まで英語の本を書く初めての挑戦が始まった。

二〇一七年九月、本はロンドンで出版された。幸い反響は大きく、米国でも出版され、これまでに三十一カ国、二十八言語での出版が決まっている。

日本に住んでいると、なかなか、日本の本質がわからない。外からの眼で見た方が、かえって日本の本質がわかる。日本を知るためには、一度、日本を離れなければならない。英語で本を書くのは、その一つの方法だったのだろう。

寿司《すし》、大相撲、雅楽、伊勢《いせ》神宮。コミケ、アニメ、ラジオ体操。日本のさまざまがつまったこの〈生きがい〉の本が、読者のみなさんにとっても生きる上で最高の「気づき」のきっかけになることを願っています。

原書の出版にあたってお力添えを頂いた大場葉子さん、故ウィリアム・ミラーさん、ヘイミッシュ・マカスキルさん、ロンドンの出版社のケイティ・フォレインさん、日本語版の出版でお世話になった新潮社の葛岡晃さん、北本壮さん、翻訳して下さった恩蔵絢子さんに心から感謝いたします。

茂木健一郎

読者への覚え書き　〈生きがい〉の五本柱

〈生きがい〉には大事な五本柱がある。

柱1：小さく始める　Starting small
柱2：自分を解放する　Releasing yourself
柱3：持続可能にするために調和する　Harmony and sustainability
柱4：小さな喜びを持つ　The joy of little things
柱5：〈今ここ〉にいる　Being in the here and now

この五つの柱は本書に頻繁に登場する。それぞれの柱は、〈生きがい〉が花開くための支えとなり、〈生きがい〉の基礎をつくるものだからである。これらは、互いに排他的でもなければそれぞれで完結しているわけでもない、また、特別な順番があるわけではないし、序列もない。しかし、〈生きがい〉という概念を理解するためには不可欠で、本書を読み、自分の人生に照らし合わせて考えるための、手引きとなるものである。どの柱も出てくる度に意味が深まり、新しい見方をあなたにもたらすことになるだろう。

あなたがこの探求の旅を楽しまれることをお祈りして。

第一章　〈生きがい〉とは何か

二〇一四年春、バラク・オバマ米大統領（当時）が日本を公式訪問したとき、日本政府関係者は、日本国首相との夕食会には、どんな場所を選ぶべきかと頭を悩ませた。この夕食会は、次の日からはじまる公式行事に先んじるもので、正式には皇居で天皇皇后両陛下が晩餐会《ばんさんかい》を催すことになっていたため、あくまでも非公式に行わなければならなかった。

どのレストランを選ぶべきかという、この一事に一体どれくらいの配慮が必要だったかを想像してみて欲しい。最終的に会場は世界で最も有名で素晴らしい寿司屋《すしや》の一つ「すきやばし次郎」になったが、その選択にはみんなが納得したことだろう。なるほど、オバマ大統領が店を出てきたときの笑顔は、そこでの食事がどれほど楽しいものであったか、一目瞭然《いちもくりょうぜん》に語っていた。報道によれば、オバマ大統領は、今まで食べた中で一番の寿司だったと述べたという。これは、オバマ大統領がハワイという、寿司を含め日本文化がかなり受け入れられた土地で育ち、また、一流レストランでの食事を数多く経験していることを思い合わせると、この上ない賛辞である。

「すきやばし次郎」は、ミシュラン三つ星の料理人の中で世界最高齢、現在（二〇一二年四月）九十六歳の小野二郎《おのじろう》氏が率いる店である。「すきやばし次郎」は、二〇〇七年にミシュランガイド東京編がはじめて出版される前から既に日本人の美食家の間では有名だったが、これが出版されたことによって、世界の美食地図上に位置づけられることになった。

彼の寿司は、神秘的と言っていいほどのオーラをまとっているが、小野はただ現実に対して、臨機応変に工夫しているだけである。例えば、彼は、一年を通して新鮮な状態でイクラを提供するための特別な手法を開発した。これは日本最高ランクの寿司屋の中で長年に亘《わた》って培《つちか》われてきたプロの常識には反するものだった。――鮭《さけ》が産卵のために川を果敢に遡上《そじょう》する秋がイクラの旬《しゅん》であり、イクラはその時期だけ出すべきものだったのである。彼はまた、カツオを稲藁《いねわら》で燻《いぶ》して特別な風味をつけて寿司種にするという、新しい手法も発明した。彼が熱烈な眼差《まなざ》しを向けて待っている客の前に寿司を置くタイミングは計算されつくしている。口の中に入ったそのときに寿司が一番おいしくなるように、魚の温度など全《すべ》てが考えられているので、客は寿司が目の前に置かれたらすぐさま口の中に入れるのが礼儀である。実際、「すきやばし次郎」での食事は、カウンター越しに威厳に満ちた高名な振付師による精巧なバレエを体験することに等しい（ところで、彼の顔は、時折急に緩んで微笑《ほほえ》みを見せることがあるのだが、それが見られるかどうかは運次第だ）。

あなたは、小野が驚くべき成功をおさめたのは、彼に非凡な才能と、すさまじい意志の強さと、長年のきつい仕事を乗り越える血のにじむような不屈の努力とがあったからだ、と思うことだろう。そのうえ料理技術を飽くことなく追求して、最も質の高い寿司を提供しようとしてきたからだ、と。言うまでもなく、小野はこのすべてをやってきた。

しかしながら、成功の理由はそれだけではない。多分他の何より、小野が〈生きがい〉を持っていることによるのだ。この〈生きがい〉という最も日本的な精神性を磨いていったからこそ、彼のプロとしての、また私人としての、輝かしい成功がある、と言っていいのである。

〈生きがい〉とは、「生きる喜び」、「人生の意味」を指す日本語である。この言葉は確かに「生きる」と、「値うち」を指す「甲斐《かい》」から成っている。

日本語では、〈生きがい〉は様々な文脈で使われている。大きな目的や業績だけでなく、日々の小さなことにも用いられる。日常生活の中で極めてさりげなく、特別な意味を持っていることなどまったく意識せず人々が使うような、当たり前の言葉なのである。最も重要なのは、〈生きがい〉は、あなたが自分の専門領域で必ずしも成功をおさめていなくても、使うことのできる言葉であることだ。この意味で、これは、生き方の多様性を賛美している、とても民主的な概念なのである。〈生きがい〉を持つことで、成功につながることがあるのは事実だが、成功は、〈生きがい〉を持つための必要条件ではない。〈生きがい〉はどんな人にも開かれている。

小野二郎のような、成功している寿司屋のオーナーにとって、アメリカ合衆国の大統領から賛辞を受けることは、〈生きがい〉の一つの源になることだろう。世界最高齢のミシュラン三つ星料理人として認められることは、〈生きがい〉の一つとして素敵なことには違いない。しかしながら、〈生きがい〉は、世界的な認知だとか賞賛だとかの領域に限られない。おそらく小野は微笑みを浮かべて待っている客にどう一番良いマグロを出すかに、シンプルに〈生きがい〉を見出《みいだ》しているのだろう。また、市場に魚を買いつけに行こうと早起きして外に出た、その早朝の空気の心地よい冷たさにも、彼は〈生きがい〉を感じていることだろう。小野は、毎日のはじまりに啜《すす》る一杯のコーヒーに、あるいは、東京の真ん中にある彼の店まで歩いていくときに浴びる木漏れ日に、〈生きがい〉を感じているかもしれない。

小野はかつて、寿司を握りながら死にたい、と言っていた。寿司を握るのには、事実、単調で、時間のかかるたくさんの小さな工程が必要になるのだが、確かに、それが彼に深い〈生きがい〉の感覚を与えている。例えば、タコを柔らかく、味わい深くするために、小野はその軟体動物を一時間も「マッサージ」しなければならない。寿司の王様とも言われる小さな光り物、コハダの下拵《したごしら》えは鱗《うろこ》、内臓を取り除くのに細心の注意が必要であり、かつ塩と酢で、ちょうど良い加減に酢〆《すじめ》しなければならない。「たぶん自分が握る最後の寿司はコハダだろう」と彼は言っていた。

〈生きがい〉は些細《ささい》な物事に宿る。朝の空気、一杯のコーヒー、太陽の光、タコのマッサージ、アメリカ大統領の賛辞、これらはすべて対等の関係にある。あらゆる種類の豊かさを認識できる人だけが、本当に〈生きがい〉というものを理解し、楽しむことができるのだ。

これは〈生きがい〉の重要な教えである。その人の人間としての価値や自信が、おもに成功によって決定される世界では、多くの人が不必要なプレッシャーに押しつぶされそうになっている。もしかすると、あなたは例えば、昇進したとか、お金が儲《もう》かったとか、具体的に何か達成してはじめて、あなたの持っている価値が正しく立派なものだと証明できる、と感じているかもしれない。

だとしたら、安心しよう！　そんな風に自分自身を証明しなくても、生きる価値を与えてくれる〈生きがい〉を持つことはできる。それは簡単にできるというわけではない。私は、〈生きがい〉が根づいた国に生まれ育ったのにもかかわらず、この事実を時折自分自身に言い聞かせなければならない。しかし、できることなのだ。

アメリカの文筆家ダン・ベットナーは、『百歳を超えて生きるには』というタイトルのTEDトークで、〈生きがい〉とは健康で長生きするための精神の持ち方であると論じた。二〇二二年時点で、ベットナーのトークは再生数四百四十万回に及んでいる。ベットナーは、世界の中で特に長生きをしている人が多い五つの地域について、そのライフ・スタイルの特性を説明している。ベットナーはこれらの地域を「ブルー・ゾーン」と呼んでいて、それぞれのゾーンに、長寿に役立つ独自の文化と伝統があると言う。そのブルー・ゾーンとは、沖縄、イタリアのサルディーニャ島、コスタリカのニコヤ半島、ギリシャのイカリア島、そして、カリフォルニアのロマリンダに暮らすセブンスデー・アドベンチスト教会の人々、である。これらのブルー・ゾーンの中では、沖縄の人々が最も長い平均寿命を楽しんでいる。

沖縄は、ご存じの通り日本の最南端の島々で、百歳超の人々がたくさんいる。ベットナーは、何が〈生きがい〉を作るのかを探るため、そこに暮らす人々の言葉を引用している。百二歳の空手の達人によれば、〈生きがい〉は、毎日空手の技術を磨くことである。百歳の漁師によれば、〈生きがい〉は、いまだ週に三回家族のために魚を獲《と》りに行っていること。百二歳の女性は、彼女の曾孫《ひまご》のそのまた孫を抱くことだと言う。――彼女には、それは天にも昇る心地らしい。彼ら、彼女らのシンプルなライフスタイルから、〈生きがい〉の本質についてヒントが見えてくる。誰かとつながっている感覚、バランスのとれた食事、何かに対して信仰を持っている自覚は重要らしい。おそらく最も顕著なのは沖縄なのだろうが、これらは、沖縄以外の日本の土地でも一般に共有されている。結局、日本はどこでも長寿率が極めて高いのだ。厚生労働省の調査では、世界の他の国々や他の地域と比べて、日本男性の寿命は、香港《ホンコン》、アイスランド、スイスに次ぐ世界第四位で、平均寿命は八〇・七九歳である（二〇一五年）。日本女性は、香港に次ぐ第二位で、平均寿命八七・〇五歳、それをスペイン、韓国が追いかける形になっている。

多くの日本人にとって〈生きがい〉を持つことがどれほど普通のことか、見てみるのは非常に面白い。二〇〇八年に、ある論文誌に掲載された、〈生きがい〉の健康に与える影響について調べた重要な研究（曽根《そね》ら『日本における、生きるに値する人生の感覚（IKIGAI）と死亡率の関係：大崎研究』二〇〇八）は、仙台市にある、東北大学大学院医学系研究科の研究者らによって行われた。この研究では大規模に被験者を集めたため、〈生きがい〉と様々な健康効果との間に、統計的に有意な相関を得ることが可能になった。

この研究は、七年にわたって、国民健康保険制度の加入者たちからデータを集め、解析した。宮城県の大崎保健所が管轄《かんかつ》する十四の自治体（当時）の四十歳から七十九歳までの住民、約五万五千人に質問用紙が配布された。

この調査は、九十三の質問からなっていて、被験者は過去の病歴、家族の病歴、現在の健康状態、飲酒喫煙癖、職歴、結婚歴、学歴、その他〈生きがい〉を含めた健康に関係する要因について尋ねられた。〈生きがい〉についての質問は非常に直接的である。「あなたは〈生きがい〉や〈はり〉をもって生活していますか？」。これに対して、被験者は「ある」「どちらともいえない」「ない」の三つの中から答えを選ぶよう求められた。

四万人を超える人々のデータを解析して、大崎研究論文はこう結論づけた。「〈生きがい〉を持っている人たちと比べて、持っていない人たちは、独身率、失業率がより高く、学歴も短め、主観的健康状態が悪く、精神的なストレスを強く感じやすい。多少なりと体の痛みもあり、身体的機能がより低下し、歩くことが少ない」。

この研究だけでは、〈生きがい〉を持てば家庭や職場や教育環境に恵まれるのだ、と言うことはもちろんできない。また逆に、人生においてさまざまな小さな成功を積み重ねていくことで、〈生きがい〉を強く感じることになるのだ、と言うこともできない。しかし、〈生きがい〉を持っていることは、幸せで活動的な人生を築くことができると感じる精神状態にあることを指す、とは言えそうだ。〈生きがい〉は、ある意味で、その人の人生への展望の明るさを示すバロメーターなのだ。

さらに、〈生きがい〉が「ある」と答えた人たちの死亡率は、「ない」と答えた人たちの死亡率よりも、統計的有意に低かった。死亡率が低かったのは、循環器系の病気に罹《かか》るリスクが、この人たちの方が低かったためだ。面白いことに、〈生きがい〉が「ある」と答えた人たちと、「ない」と答えた人たちとの間で、がんに罹るリスクについては、有意差はなかった。

なぜ〈生きがい〉を持つ人々の方が、循環器系の病気を患《わずら》うリスクが低かったのだろうか？　良い健康状態を維持するには、さまざまな要素が絡《から》んでいる。決定的にどの要素が重要なのかを明確にするのは難しいが、循環器系の病気の罹患率《りかんりつ》の低下は、

〈生きがい〉を持つ人々の方がよく運動をしていることを示しているのだろう。なぜなら、よく体を動かすことで、循環器系の病気が減る、という事実があるからだ。確かに、大崎での研究は、〈生きがい〉が「ある」と答えた人は、「ない」と答えた人よりも運動をよくしていることを明らかにしていた。

〈生きがい〉は、あなたに頑張る力をもたらし、あなたの人生に目的を与えるものである。「すきやばし次郎」は、ジョエル・ロブション氏のような尊敬される料理人たちが頻繁に出入りする、世界的なグルメスポットとなった。しかし小野二郎氏はもともとても慎《つつ》ましく暮らしていた。彼の生家は毎日のやりくりに苦労していて、経済的な必要性から彼は小学生の頃から夕方になると料亭に働きに出ていた（まだ日本で子供の労働を禁止する法律が導入される前のことである）。学校に行っている日中は、仕事で長時間体力を使うために、授業中に居眠りをすることがよくあった。先生は罰として彼を外に立たせるのだが、彼はその時間があったら仕事を早く終わらせられると、料亭に駆け戻っていたという。

小野が自分の最初の寿司屋を開いたとき（その店が最終的に「すきやばし次郎」になるのだが）、彼が目指していたのは、世界で一番おいしい店を作ることではなかった。当時は、単純に、寿司屋を開くのが他の食べ物屋に比べて一番安く済んだのである。寿司屋は、基本的な道具と設備があれば、なんとか開ける。これは、江戸時代には、寿司が道端の屋台で売られていた食べ物だったということを考えれば、うなずけるだろう。当時の小野にとっては、寿司屋が、彼がなんとか生活を成り立たせていける仕事だったのであり、それ以上でも、それ以下でもなかった。

それから長く、困難な坂道を登っていくことになった。しかしながら、長いキャリアの中のどんな段階にあったときも、小野は〈生きがい〉を持ち続け、自分の支えとし、モチベーションを維持するのに使ってきた。彼は、自分の仕事の質について飽くなき追求をしていく中で、いつも自分自身の声に耳を傾けた。そうした努力は、大衆受けを狙《ねら》ってやれることではなかったし、簡単に一般の人々に理解されることでもなかった。小野はその道のりの途中、自分で自分を励まさねばならなかった。まだ世の中が彼の熱心な努力を気にとめるようになる前の、駆け出しの時期には特にである。

彼は、黙々と自分の仕事に小さな改善を加えていった。例えば、彼の店のカウンターは少し変わっているのだが、それに合わせて特別なケースを作ることで、すべてがきれいに収まるようにした。また彼は、寿司の下拵えに使う道具をいくつも改良した。それらの多くがいつの間にか他の店で普通に使われるようになって、これも彼の発明だったのかと驚かれたりしている。こうした小さな前進は、損得とは全く関係のない、仕事への愛からもたらされたのである。小野は「小さく始める」（〈生きがい〉の一本目の柱）ことが重要だという鋭い感覚を持っており、そこからすべてが生み出された。

*

この小さな本が、〈生きがい〉という精神性に興味を持った人々の、ささやかな助けになることを願っている。小野二郎氏の物語によって、〈生きがい〉が何をもたらすのか、それがどれだけ価値あることなのか、感覚的に摑《つか》んでいただきたい。これから一緒に見ていくように、〈生きがい〉を持つことで本当に人生が変わってしまうかもしれない。あなたはより長生きし、より健康に、より幸せに、より満たされ、ストレスをより感じにくくなるかもしれない。それに加えて、〈生きがい〉を持つ副産物として、あなたはより創造的になり、より成功することさえあるかもしれない。もしも、この人生哲学を正しく理解し、自分の人生に活《い》かしていく方法を知ったなら、あなたはこれらの〈生きがい〉の恩恵すべてを得ることになるだろう。

〈生きがい〉は、日本文化の中に昔からあり、私たちの中に深く根づいた概念なので、それが何をもたらすかをはっきりとさせるため、私はこれから、現代の行動様式との関連性を探りつつ、日本文化の伝統を深く掘り下げていくことになる。〈生きがい〉は、認知と行動の中心《ハブ》だと私は思っている。〈生きがい〉の周りで、さまざまな生活習慣や価値体系が組織されているのである。日本人が毎日の生活の中で、必ずしも意味を正確に知らないままに〈生きがい〉という言葉を使ってきたという事実こそ、〈生きがい〉の重要性を示している。十九世紀後半のイギリスの統計学者・社会学者・心理学者フランシス・ゴルトンによって最初に提案された語彙《ごい》仮説（lexical hypothesis）に照らし合わせてみよう。ゴルトンは、ある文化の持つ性格的特性について、重要な特性はその言語の中に現れるようになり、その特性が重要であればあるほど、たった一語で表されるようになると言う。〈生きがい〉が、こうして一語で表されるという事実は、この概念が日本人の生活に関連する主要な心理的特徴を表していることを意味する。〈生きがい〉は、島国という緊密な社会の中で何百年という時間をかけて進化してきた日本人の生活の知恵や、独特の感受性、日本社会になじむ行動様式を象徴しているのである。

もちろん、〈生きがい〉を持つのに日本人である必要はない。〈生きがい〉は、私的な喜びの中にあると私は考えており、このことでは、イギリスで出会った特別な椅子《いす》のことを思い出す。

一九九〇年代中頃に、私は、ケンブリッジ大学の生理学研究所で博士研究員として研究をしていたが、当時私はある著名な教授の家に下宿していた。私が住むことになる部屋を見せてくれたとき、彼はそこにある椅子を指して、彼にとって思い出深く、心から大事にしているものなのだと説明してくれた——彼が子供の頃、父親が彼のために特別に作ってくれたものだった。

この椅子には何も特別なところはない。正直に言えば、それはむしろ不格好だった。デザインが洗練されておらず、あちこちにがたがきていて、でこぼこしているところがあった。もしその椅子が市場で売られていたら、高値がつくことはなかったろう。それでもやはり私には、その教授の目に宿った一瞬の光によって、その椅子が彼にとって特別な意味があるものだということがわかった。むしろ、大事なのはそこだった。その椅子は、教授の心の中で特別な場所を占めていた。ただ彼の父親がそれを彼のために作ってくれたということのみによって。心の中の価値というのはそういうものだ。

これは小さな例に過ぎないが、誰もがうなずいてくれるだろう。〈生きがい〉とは、その教授の椅子のようなものなのである。〈生きがい〉とは、自分にとって意味がある、人生の喜びを発見し、定義し、楽しむということにつきる。小野の例で見たように、またこの本を通して見ていくように、人生の私的な喜びを追求することは、時には社会的な報酬に結びつくこともあるけれども、基本的には、他の誰もその特別な価値を理解しない、しかしそれでOKなのである。あなたは、自分自身の〈生きがい〉を見つけ、培い、密《ひそ》かにゆっくり、独自の果実を得るまで、育てていけばいい。

この本で、日本における生活様式、文化、伝統、考え方、人生哲学を見直し、〈生きがい〉が与えてくれる健康、長寿についてのヒントを得ることになるだろう。どうか次のように自分自身に尋ねてみて欲しい。

・あなたが心の中で一番大事にしているものは何か？
・あなたに喜びを与える小さなことは何か？

もっと幸せで、もっと実り多い人生にするために、あなた自身の〈生きがい〉を見つけよう。そのために、これらの質問はとても良い手始めとなるはずである。

第二章　朝、目を覚ます理由

ある人たちにとってはベッドから出ることはなんでもないことだが、別の人たちにとっては、とても難しく感じられるようだ。もしもあなたが、目覚まし時計の音が止まってもなお、今日が休日であればいいのにと願って、布団《ふとん》にもぐり込み、二度目か三度目の目覚ましコールでようやく、なんとか這《は》い出していくという人ならば、この章はあなたのためのものである。

〈生きがい〉は「朝、目を覚ます理由」とも表現できる。それは生きていく上で、毎日のやる気を起こし、新しい日が来ることが待ち遠しくなるような、生への意欲を与えるものでもある。この章で見ていくように、日本人は、生きていくために、壮大なモチベーションの枠組みは必要とせず、毎日の日課の中での小さな決まりごとを頼りにしている。早起きをするというのは、この本の最初で述べた〈生きがい〉の五本柱のうちでは、「小さく始める」という柱に最も関係する。

築地《つきじ》などの市場でマグロの仲買をしている藤田浩毅《ふじたひろき》氏は早起きだ。午前二時に起き、いつもの手順で仕事に行く支度をする。彼が自分の店に着くのは、真夏であっても、まだ暗い時間だ。藤田は、長年やってきた通りに、きびきびした動作で、すぐさま仕事に取りかかる。

藤田が毎日こんなにも早起きするのには特別な理由がある。マグロの仲買人として、最も良いマグロを手に入れる必要があり、それゆえに市場で起こる重要なことを何一つ見逃すわけにはいかないのだ。藤田のお客は彼が頼りだ。マグロの「トロ」の天上の快楽とでもいうべき味わいに世界中が気づいてしまったことで、最も良いものをどう選び、どう熟成させるか、という過程がますます大事になってきた。藤田は、依頼人たちのために最も良いマグロを選ぼうと、市場のせり場の床に並べられた何十ものマグロを調べる。彼の依頼人リストは圧巻で、東京とその近郊の一流寿司屋《すしや》が並ぶ。その中にはもちろん、「すきやばし次郎」が含まれている。

良いマグロを選ぶことは、それ自体が一つの奥深い芸術なのだ、と藤田は言う。市場では、マグロは一本まるごとという単位で売られており、マグロの仲買人は、購入するとき魚の内部を見ることができない。市場でマグロを選ぶときにとれる唯一《ゆいいつ》の方法は、尾が魚体から切り落とされているので、その尾付近の肉の表面を見ることだ。藤田は、その切り落とされた尾の断面を触って、指で全体の脂《あぶら》の乗りを推し量る。

「多くの人は、どんなマグロを選ぶべきかについて間違った思い込みをしている」と藤田は言う。

「赤くて、新鮮そうに見えるマグロが一番良いように思うかもしれないけれど、それは全くの間違いです。一番良いマグロは、実際にはもっと地味な見た目をしていて、そういう色をしているのは、ある種の釣り方をされた、ほんとうに限られたマグロだけです。一番状態の良いものというのは、なかなかなくて、百本に一本あるかどうか。私たちはそうした見た目、そうした手触りのマグロを見つけようとしているのですが、当てるのは難しい。なぜかと言うと、一番良いものは、酸化で傷《いた》んでしまったものと、区別がつかないわけではないとしても、すごく似ていることが多いからです。私が早起きするのは、その特別な魚を見つけ出したいためで、いつも『今日こそは、それに出会えるだろうか？』と考えながら市場に通い続けているのです」

我々はみな、藤田のように朝を大事にするべきなのだろう。生産的で創造的な仕事をするためには、朝が一番良いということは、脳の生理状態の知見に照らしても言える。寝ている時間でも、脳は、神経回路内に記憶を留めようと忙しく働いている。日中の活動は、眠っている間に整理され、定着されるのである。記憶の定着が、実際にどのように動的になされているかという点については、まだ完全には明らかになっていない。しかし、新しい記憶は、海馬《かいば》と呼ばれる部位の助けを借りて、一時的に脳の中に蓄えられているようだ（この部位に重大な損傷を負った人々は、新しい記憶を形成できなくなってしまうことから、海馬が記憶の定着に本質的な役割を果たしていることは明らかになっている）。そして、その記憶は、長い間残る長期記憶として固定されるために、徐々に大脳皮質の連合野《や》に「移って」いくと考えられている。脳の、この効率的な記憶の保存、関連づけ、索引づけは、すべて眠りながら、すなわち外からの感覚情報入力がないときに行われる。

睡眠時間を十分にとれたとするならば、朝、脳はその重要な夜の仕事を完了している。これから一日の活動を始めるにあたり、脳は、新しい情報を吸収する準備のできた元気いっぱいの状態にある。そこで朝の挨拶《あいさつ》をする、つまり「おはよう」と言って、人と目を合わせることは、脳の報酬系を活動させ、ホルモンの調整機能をうまく働かせ、免疫《めんえき》系の機能を高めることになるとわかっている（どういう因果関係があるのかは完全にはわかっていない）。後述するように、早起きの精神は、日本文化の中に深く浸透しているから、「おはよう」をいつどのように言うべきかのルールがあると聞いても、驚くに当たらない。こんなことが大真面目《おおまじめ》に考えられているのである！　脳の中のさまざまなホルモン調節は、太陽の進行に合わせてなされていることがわかっている。だから太陽に合わせて生活することには意味がある。二十四時間の体内時計が自然界の昼夜のサイクルに調整されているのである。

それが、なぜ早起きが日本の伝統の一部にまでなっているのかということの、神経学的な説明である。しかし、今も述べたように、文化的な側面もある。日本は常に朝日に高い価値を置いてきた国なのだ。

用明天皇の皇子で、七世紀初めに日本を統治していた聖徳太子には、驚嘆すべき才能があった。伝説によると、彼は同時に十人の話を聴き、理解することができたらしい。聖徳太子は十七条憲法を作るなど、積極的に政治改革を行ったとされている。十七条憲法とは、そのまさに第一条で、「和」（調和）を重んじることを強調したことで有名なものである（これについては第五章でも触れる）。

中国の皇帝へ公式な手紙を送るとき、聖徳太子は次の文章で始めた。「日出《い》ずる処《ところ》の天子より」。これは、日本は中国の東に位置するという事実への言及である。東から太陽は昇るわけである。このイメージが強く、日本は西洋文明においても、「日の出ずる国」というイメージが今だにもたれているところがある。「ジャパン」というのは外国語によるよび名だが、日本語では、この国の名前は「にっぽん」、または「にほん」で、この二つは「日《ひ》の本《もと》（太陽の起源）」を意味する言葉の発音の違いに過ぎない。日本の国旗「日の丸」（太陽の丸）は「日の出ずる国」という考え方を視覚化したものだ。

太陽は、日本ではずっと、生命とエネルギーを象徴するものとして、崇拝の対象だった。今だに元旦《がんたん》には、多くの人々が早起きをして（あるいは夜通し起きていて）初日の出を見る。夜富士山に登って、頂上からご来光を拝むという習慣もある。また、ビールやマッチ、新聞、生命保険、テレビ局と、多くの日本のブランドが、朝日をテーマに用いている。

日本人が朝早くスタートを切ることを好む理由は、この国の経済史にも見つかる。徳川幕府が日本を統治していた江戸時代（一六〇三～一八六七）には、人口の八十パーセントが農民だった。急速な工業化、都市化が起こった後でさえ、一九四五年の時点で、日本人の五十パーセントは農民だった。そして農業の成功のためには、早起きが欠かせなかったのである。

農業の影響力の大きさは、日本経済がどのくらい米に頼ってきたかということを考えれば、わかるだろう。米はこの国の最も重要で、最も神聖な産物だった。米は祭祀《さいし》の中で神々へ捧《ささ》げるものであり、米で作る「餅《もち》」は新年の到来の象徴だった。今世界的に人気の「日本酒」も米から作られている。そして、神社の注連《しめ》飾りも稲藁でできている。

今日農業に従事する人の割合は、全人口の一・五パーセントにまで落ちた。平均的な日本人にとって、農業の重要性は相対的に減ってしまった。しかしながら、農業関連の思考は、今日でも多く残っており、人々の日常に影響を及ぼしている。例えば、春に稲の苗を植え、秋に刈り取るという行為が、天皇の行う最も重要な儀式となっている。特別に設計された田が皇居の敷地の中にある。田植えと稲刈りが、天皇陛下自身の手によって行われ、その様子が公共放送で放映されるのだ。日本人の大多数が生活のためにやってきたことだからこそ、国民の代表という役割を担《にな》い、天皇はこれを執り行っている。

早起きの価値を認めているのは農民だけではない。商人の間でも、夜明けに起きて、すぐさま仕事に取りかかるというのが、伝統的に立派だとみなされてきた。それは仕事上有利なためであったが、夜に使う燃料や蠟燭《ろうそく》を節約するためでもあった。日本の古いことわざに、「早起きは三文《もん》の得」というのがある。「文」はかつて日本で用いられていた通貨の単位だ。このことわざは、英語の「早起きの鳥は虫を得る（The early bird catches the worm）」と大体同じ意味である。日本人には、基本的に、早起きは経済的に意味があるものだという認識がある。今日も、マグロの仲買人が夜中に目を覚まして市場に行くことに、また、金融機関の仕事熱心な社員が朝早く会社へ行って、外国市場の活況に反応することに、これを見て取ることができる。

現代日本で、「朝飯前」という精神性が文字通り生きている職業として、最も意外なものが相撲取りだろう。しかし相撲取りが、朝、食事を取る前にトレーニングをしているのは有名だ。実際、相撲の稽古《けいこ》は、朝「だけ」やるものだ。午後になると、相撲取りは昼寝をしたり、自分の好きな趣味に打ち込んだり、ゆっくりとした時間を過ごす。言うまでもなく、昼寝や遊びというのは、たっぷりと食事をとってからのみしていいもので、それが相撲取りを誰もが知っているあの大きな体に育てるのだ。

「ラジオ体操」は、日本の朝志向の文化を最も象徴する身体活動と言って良いだろう。これは、すべての年齢の、ごく普通の人々のためのものだ。

一九二八年に、一般大衆の体力を増進させるために政府が考案し、以来、ラジオ体操は日本人が定期的に行う習慣になった（第二次世界大戦後の四年間を除く）。大体の人がまず小学校で習う。一年生の時に、どうやって音楽に合わせて手足を動かすかを教わる。六歳の子供に真似《まね》ができるくらい単純な動きなのだ。夏休みになると、各地域で朝にラジオ体操の集まりがあって、子供はそれに参加すると、毎回スタンプをもらえる。カードにスタンプが一定数貯《た》まると、夏休みの終わりにお菓子や文房具といったプレゼントがもらえる。この習慣は、子供を早寝早起きにするから、ゲームやYouTube動画で子供が夜更《よふ》かしになる、このデジタル娯楽時代にも健康的な習慣としてとり込んでみてもいいのかもしれない。子供はこうして、ごく普通に「朝日」の精神を受け継ぐのだろう。「ラジオ体操」は、長く続けるという根気をやしなう、ちょっとした発明でもある。

大人の間でもラジオ体操は、建設現場や工場という、仕事上身体《からだ》の準備が必要なところでしばしば実施されており、また、ホワイトカラーのオフィスでも、一日を始めるまえに行われることがある。

最近ではラジオ体操をもともとの形で実施しているのは主に高齢者だ。毎朝の日課として居住区の公園に集まるお年寄りを目にすることは少なくない。彼らはきっかり朝六時半に所定の位置に着く。ちょうどその時間にＮＨＫラジオ第一がラジオ体操のテーマ曲を流すのだ。それが彼らの〈生きがい〉になっている。

人々が同じ動きを一斉にやるというイメージが、国際的なメディアでは時々、日本の集団志向的な特徴を表すものとして使われることがある。しかし、お年寄りの、このラジオ体操という早朝の集まりにおいては、動きはまったく規則通りではなく、みんなバラバラである。見ていれば、人々が思い思いの場所にいて、体操に対してそれぞれの取り組み方をしていることに気づくだろう。ある人は音楽から外れて動き出しているし、別の人は手足を動かしながらも他の人と元気に会話を交わしている。音楽の中盤で加わる人もいれば、音楽が終わる前に帰る人もいる。別の言葉で言えば、それぞれ好き勝手にやるのであって、それでいいとされているのだ。

ラジオ体操は早朝活動を重んじる日本人の精神の代表のようなものだ。これを、〈生きがい〉は社会的につくられる、という観点から見ると特に興味深い。「持続可能にするために調和する」という三本目の柱の通りに、ラジオ体操はつながりを作り、地域や組織を一つにまとめている。また、別の広がり方もしている。たとえばラジオ体操の音楽は、日本人の中で特別な位置を占めるようになったので、日本の有名な映画やドラマで印象的な使われ方をしている。

「小さな喜びを持つ」という柱も、ここで取り上げるのがふさわしい。日本では、伝統的には緑茶（近頃は緑茶でなくコーヒーや紅茶になってきている）と一緒に、朝一番に甘い物を食べるという習慣を持つ人がいる。これは確かに重要なことだ。世界のどこにいようと、起きてすぐ、お気に入りのものを口に入れたなら（例えばチョコレートとコーヒー）、頭の中にはドーパミンが放出される。ドーパミンは、報酬を受け取ったら（つまりチョコレートとコーヒー）、受け取る前にやっていた行動（つまり起きる）を強化するような働きがある。メアリー・ポピンズが、ミュージカルの中で歌っていたように、「スプーン一杯の砂糖があれば、薬が飲める（a spoonful of sugar helps the medicine go down）」のである。

その他にも小さな物事が、早起きを助けている。多くの日本人、特に東京、名古屋、大阪という大都市近郊に住んでいる人々は、通勤、通学に時間がかかる。私自身は、高校に通うのに、朝六時二十分発の電車に乗っていたものだった。私は電車に乗るたび同じ場所に座った。近くにはいつも同じ顔ぶれがあった。その経験の中で特に愉快だったのは、毎朝数人の会社員が電車の中で「将棋」をやっていたことだった。彼らはその長い通勤時間を楽しんでいたのである。この将棋クラブは、先述のラジオ体操クラブのようなものであって、朝早い通勤へのモチベーションを高めるために、コミュニティを作って力にしていたのだ（〈生きがい〉の三本目の柱「持続可能にするために調和する」）。今日でも、私はこの光景を何か完璧《かんぺき》な幸せに近いイメージとして思い出す。

ゆえに、「ラジオ体操」や「将棋」は、〈生きがい〉の第一、第三、第四の柱、すなわち「小さく始める」「持続可能にするために調和する」「小さな喜びを持つ」を実践する、よくできたシステムだと考えることができる。

言うまでもなく、早起きという習慣を身につけるために、日本に生まれる必要はない。結局どの国も、日の出ずる国である。宇宙ステーションから見れば、何の違いもありはしない。どの瞬間にも、太陽はどこかで昇っていて、どこかで沈んでいる。

自分の地域の文化に根づいたやり方で、自分なりの「ラジオ体操」や「将棋クラブ」をやってみればいい。いつもの移動時間に読書会をはじめるのも良いし、軽いジョギングやストレッチという運動の後に、おいしい朝食を作って楽しむのも良い。「小さな喜びを持つ」を実践できるようになるだろう。そうすれば、朝に〈生きがい〉を持って起きることもできるようになるはずだ。

第三章　〈こだわり〉と小さく考えることがもたらすもの

コロナ禍以前、日本は人気の観光地になっていた。二〇一〇年には、外国から約八百六十一万人がこの国を訪れた。二〇一五年には、その数は約二千万人にも増加した。東京、京都、大阪などの人気の観光地の街角では、外国からの観光客が連れ立って歩いているのをよく見かけた。また、隔絶されたような村や、地元の人たちしか知らないようなレストランでも、観光客が見かけられた。いままでだったら避けていたような場所でもものともせずに行くようになっていたのだ。

国家としての近代化以来、日本政府は外国からの観光客を呼び込もうと努力してきた。明治時代（一八六八〜一九一二）には、数々の西洋式ホテルが建てられ、ヨーロッパやアメリカからの観光客を迎えていた。当時の日本は、輸出産業主体の経済ではなかったので、観光客がもたらす外貨が不可欠だと考えられていた。第二次世界大戦後、経済が急速に成長してからは、電気製品や自動車の製造で外貨を稼げるようになり、訪日外国人の数は、そこまで重んじられなくなった。

しかし、近年は再び、外国人観光客の誘致が必須《ひっす》になっていた。日本の産業は今、アメリカ合衆国発のインターネット経済の勢いに押され、中国、韓国、台湾といった国々との競争も迫られて、精彩を欠いている。かつて経済産業省（ＭＥＴＩ）の前身である通商産業省（ＭＩＴＩ）は、「日本株式会社」のエンジンとしてあがめられ、恐れられていた。しかし近年経済産業省は、この国の「ソフト・パワー」を外貨稼ぎの手段として欠かせないものと考えるようになった。同省は、イギリスの「クール・ブリタニア」運動に着想を得て、「クール・ジャパン」キャンペーンを開始した。これは製造業以外の経済を発展させることを目指すもので、国の新しい稼ぎ手として、観光業を安定させようとしたのだ。外国からの観光客の数の増加が、「クール・ジャパン」運動の重要な目標の一つだった。コロナ禍で状況は大きく変わってしまっている。しかし未来に希望を持ってみなおしていこう。

外国からの観光客はしばしば、繊細なもてなしや案内、気配りの質の高さが日本の主要な魅力だと言う。ほぼ欠点なしの新幹線のオペレーションから、細部まで効率的で素早いファスト・フード・チェーンでの牛丼《ぎゅうどん》の提供まで、日本人が当たり前だと思っている物事が、他の国の人々を驚かせ、畏《おそ》れさえ感じさせてきた。訪れる人々は、一貫して日本は清潔で整っており、すべてが上手《うま》く時間通りに動いているという感想を持つ。公衆トイレから、コンビニエンス・ストア、そして公共交通機関まで、一般に、細かすぎるほど的確に運営されていると思われている。また、日本人は、親切で面倒見が良いと賞賛されている。

言うまでもなく、それでもたまに上手くいかないことはある。どこの国でもあるように、日本にもそれなりに機能不全の組織はあり、不親切な人もいる。日本人自体、高い水準を維持することに一生懸命になりすぎていることもあって、レベルの低下を嘆くこともある。しかし、平均的に見れば日本人は、サービスの質と親切心については全般的に「A＋《プラス》」がとれると言っていいだろう。

なぜ日本は一貫してそんなに高い質で製品やサービスを提供できるのか、ということを考える際には、〈こだわり〉という概念を理解することが重要である。〈こだわり〉の概念は翻訳しにくいものである。英語では「Commitment（傾倒）」とか「Insistence（固執）」という言葉が当てられることがよくある。しかしながら、言葉の概念は、特定の文化的文脈の中で育《はぐく》まれていくもので、やはりこれらの訳語は、〈こだわり〉という言葉の真髄を完璧《かんぺき》に捉《とら》えてはいないのである。〈こだわり〉は、個人が確固たる態度で守っている私的な基準である。この言葉は、必ずというわけではないが大体は、質の高さや、個人が保っているプロ意識について使われる。その人の人生を通して維持されることの多い一つの態度であり、〈生きがい〉の中心的要素を構成する。〈こだわり〉は本質的に私的なものであり、自分がやっていることへのプライドの表明である。要は、〈こだわり〉は、ものすごく小さな細部を尋常でなく気にする、その方法のことなのだ。〈生きがい〉の五本柱の内では、〈こだわり〉は最初の柱「小さく始める」に該当する。必ずしも壮大な計画に向かって努力することを是とする必要はないのだ。

日本を訪れる人たちは、チェーン店や巨大企業だけではなく、個人が私的に所有し運営している小さな規模のレストランやバーがたくさんあることに気づくだろう。そういう店には地元感というものがあって、独特で、個性的で、主人の趣味が表れている。このような場所には、主人が誇りに思っている〈こだわりの一品〉――すなわち、特別な看板メニューがあるものだ。独特な材料が使われていたり、その材料の産地に特別な関心が向けられていたり、その一皿にかける手間暇が特別だったりする。客たちは、個性的な一皿が食べられるこのような場所を、人との交流や仲間づくりの場として大事にしている。

特に面白い例は、世界の人に愛されるようになった「ラーメン」である。このラーメンにこそ、日本の、外国から輸入したものをより完璧に近いものへと変換してしまうという、その特技が発揮されている。この麵《めん》は中国発祥だが、一旦《いったん》日本に上陸すると、「ラーメン」と名のつく麵の種類は爆発的に増加した。スープの味により、どのような麵にすべきか、具は何にするかという具合に、今では膨大なバリエーションができている。二人の日本人がどんなラーメンが好きかと議論を始めると、永遠に続くこと請け合いである。日本の社会を最も鋭く映画的に眺めた人物の一人、伊丹十三《いたみじゅうぞう》は、自身の映画「タンポポ」（一九八五）の中で、ラーメンへの〈こだわり〉をユーモラスに描き、敬意を表している。スープの調合、麵の打ち方、必要とされるトッピングの数や割合という、ラーメン作りのすべての側面が、この映画の中に描かれている。お客はラーメンをどのように味わって食べるか、その厳密な作法まで学ばなければならない。この様子がすべて喜劇になっているのだ。そうしてラーメンに捧《ささ》げられる熱意がおもしろおかしく誇張され、完全なエンターテイメントに仕上げられているのだが、それが面白いのは、その中にたくさんの真実があるからだ。「小さく始める」、そして、それぞれの段階を完璧に仕上げていく。これが日本のラーメン店の主人が大事にしていることで、一般の人々も共感していることだ。

〈こだわり〉は本質的に、他人に合わせるという可能性を一切排除するくらいに、頑固で、自己中心的な特質であるように見える。確かに日本人は、〈こだわり〉を持ったラーメン店の主人というものに対して、話しかけにくく、気むずかしく、客の側にも自分と同じだけの味の理解力を求める、というようなイメージを持っている。「タンポポ」のラーメン店の主人は、客がスープを完全に飲み干した時にしか満足することができないでいる。しかし、実際には〈こだわり〉が目指すゴールは、つまるところコミュニケーションの成立である。完璧な一杯のラーメンを作るために一つ一つの小さな仕事をやることとの、究極かつ自分だけが得られる報酬は何かと言えば、客の顔に表れる笑顔なのだ。

スティーブ・ジョブズもまた、この手の〈こだわり〉の持ち主だった。例えばiPhoneの持つ一つ一つの特徴を完成させるとき、彼は、いちいち自分の大切にしていることを言葉で語ろうとはしなかったけれども、実際のところ、〈こだわり〉こそ、スティーブ・ジョブズという人を決定づける特質である、と言うことができるだろう。スティーブ・ジョブズは、その〈こだわり〉の精神においては日本人だった、と言う人すらいるかもしれない！

もちろん、ジョブズは傑出した一個人だった。それで日本のどこがユニークなのかと言えば、おそらく、〈こだわり〉の精神がふつうの人々の間にまで広がっている、ということだ。小さな居酒屋の主人から、神戸牛の生産者や、大間《おおま》のマグロ漁師まで、日本には自分自身の〈こだわり〉を表現する人がたくさんいる。最高の品質の味わい深い農産物を作るために、自分の時間や努力や才能をすべて注ぎ込む農家がある。この人たちは土を整えて、最適なときに剪定《せんてい》や水やりをし、何をいつ植えるべきか注意深く選んでいく。「小さく始める」強い意識に突き動かされて、信じがたいほどの長い道のりを歩むのだ。

〈こだわり〉の重要な点の一つは、市場原理に基づいた常識的予測のはるか上を行くところに、自分自身の目標をおくことである。

もしも成功したいと思うならば、当然、良い質の商品を作る必要がある。しかしながら、ある一定のレベルをクリアすると、努力に比例して質が改善されるということはなくなってくる。学習曲線を見てみればよい。もしもあなたが学生だとしたら、ある時点で、これ以上努力しても点数が劇的に上がることはないので、よほど特異な状況にでもならない限り、そのまま勉強することに意味がないというところにたどり着く。そうなれば、その努力を何か別のものへ向けるようにアドバイスされるはずだ。〈こだわり〉を持つ人はこの種の合理性に無縁なのだ。この人たちは「良い」というだけのラーメンに満足することがない。「十分だ」というマグロに出会っても、さらなる質の追求を止めることがない（藤田を思い出してほしい）。「良い」「十分だ」というものを作り出せれば、あなたは成功者になれるだろう。しかしながら、〈こだわり〉を持つ人は、特に明瞭《めいりょう》な理由もなく、それを超えていくのである。「十分に良い」は、彼らにとっては、ただ、「十分に良」くないのだ。これは創造的狂気と呼ばれても仕方がないものである。

ある時点で、こういった完璧の追求者は、頂上を超えてしまうのであって、他の人から見れば、その努力はやりすぎだと感じられるかもしれない。しかしまさにその瞬間に、奇跡的なことが起こるのである。追求している質に、さらなる深みがあることを認識する。そこで突破口が開け、何か本質的に異なるものが誕生することになるのである。新しいジャンルのものを作り出すことで、全く新しい市場が出現する。そこにあるのは以前には想像もしなかった質だからこそ、人々は喜んでプレミア価格を払う。

例えば、フルーツの生産は、日本人が特に強い〈こだわり〉を発揮してきた分野だ。フルーツの生産者は、更に更に良い質をと目指している。「完璧なフルーツ」という夢を追い求めている人さえいる。例えば、甘さと酸味の絶妙なバランスを極めたイチゴである。

「千疋屋《せんびきや》」という、日本の高級フルーツ店の提供する「完璧なフルーツ」の最も興味深い特徴は、しかしながら、「完璧」の定義が一つでないところにある。そのイチゴ売り場を眺めてみれば、きっと、様々な進化をとげた、頂上のものたちを目撃しているという気分になってくるだろう。そういう進化では、イチゴはどんな味をしているべきか、どんな見た目をしているべきか、ということに関して、唯一《ゆいいつ》の定義には行き着かないのだ。

日本には、フルーツ界のエリート・リーグすら存在する。「千疋屋」の創業は一八三四年に遡《さかのぼ》る。もしも「千疋屋」のどこか一店舗に置かれることが許されたならば、それはフルーツ界の殿堂入りしたことを意味すると言っていいほど、そこで売られているフルーツの質は至上だ。東京近辺にある「千疋屋」の小売店を訪れてみれば、そのフルーツの信じられないくらいに高い値段と、美しい姿かたちに感動せずにはいられないだろう。美術作品と言って差し支えない。

そこで売られている「完璧なフルーツ」の代表と言えば、マスクメロンである。その特別なムスク（ジャコウ）の香りにちなんで名づけられたフルーツだ。「千疋屋」という名前を聞いて、人々がまず思い浮かべるのは、並外れた値がつけられた、ギフト用に買われるマスクメロンのイメージである。なるほど日本では、マスクメロンを贈るのは最高の敬意の表明になっている。「千疋屋」のマスクメロンは、二万円くらいはする。もちろん一つでである。馬鹿《ばか》らしいと思うかもしれない。しかし、もしもあなたがマスクメロン作りに注ぎ込まれるその極限の努力を――そしてその〈こだわり〉を――知ったら、信じられないことに、安いとさえ思われてくるのだ。

「千疋屋」で売られるマスクメロンは「一茎一果《いっけいいっか》」という手法で育てられる。その手法では、余分な実はすべて取り除かれるから、栄養が対象となったたった一つの実に向かうのを邪魔するものがない。マスクメロン作りに注がれる並外れた努力を人々は知っているから、その値札を見ても馬鹿みたいだとは思わない。言うまでもなく、すべての人がそれを買えるわけではないのだが。

あなたが「千疋屋」のマスクメロンを贈られるほどに幸運な人であるならば、その甘くて、ジューシーで、気高い味わいと舌触りにおいて、全く新しい体験をする心構えをしておくべきである。一玉丸ごとというのが無理ならば、「千疋屋」直営のフルーツパーラーやレストランがあるから、そこで切ったものを味わう手段もある。このような場所では、店舗で売っているのと同じマスクメロンが使われている。

「千疋屋」で売られているフルーツは、献身的な農家の〈こだわり〉によって生み出される、生物《なまもの》の芸術である。言うまでもなく、これらが芸術である証拠は、食べるという行為の中にある。あなたは、一つ一万円という値がつけられた「完熟」のマンゴーを見れば、ついうっとりしてしまうことだろう。そのマンゴーは、「千疋屋」がそれだけのために用意した、きらきらした贈答用の箱の中におさまり、本当の宝石のようだ。その信じられないほど高い値段を見れば、手を出すことをためらってしまうし、それを食べるなんてなおさらできないと思うことだろう。しかしながら、その皮を剝《む》き、いくつかに切り分けてみない限り、完熟マンゴーの真価を理解することはできない。別の言葉で言えば、理解するためには、それを破壊しなければならないのだ。

そして、その経験はなんと一瞬であることか！　あなたがそのフルーツを口に入れ、咀嚼《そしゃく》し、吞《の》み込んだら、それで終わりである。あなたの一万円分のおいしい経験はそれで消える。

おそらく完璧なフルーツへの日本人の愛情は、はかないものへの信仰の投影だ。日本人が毎春、桜の花が咲くのを楽しむ「花見」が良い例である。日本人は人生の中の一瞬の物事を真剣に取り上げる。完璧なマンゴー、厳《おごそ》かなマスクメロンを食べるときは、その瞬間から消えていく喜びだけがあって、数分しかかからない。その経験にしがみついていることはできない。視聴覚刺激とは違って、食べる経験は記録できない。

それはそういう形でほんの少しの間だけ残るものなのだ。味の自撮りをすることはできない！

〈生きがい〉で言えば、はかなさへの信仰は「〈今ここ〉にいる」（五本目の柱）に該当し、もっとも奥が深いものである。

もちろん、はかない喜びは、必ずしも日本のトレードマークではない。例えば、フランス人は感覚的な快楽に対してとても真剣だ。イタリア人もそうである。また、それで言えば、ロシア人も、中国人も、英国人でさえそうだ。どの文化にも、思い当たるものがあるだろう。

しかし、ここで日本文化における〈こだわり〉の別の例をあげよう。陶器である。日本人はずっと、陶器の芸術を大事にしてきた。茶会で使われる器は、何世紀にも亘《わた》り特別に重んじられてきたものだ。戦国武将が戦で名をあげたとき期待するのが、有名な器を褒美《ほうび》としてもらうことだった。恩賞として城や土地をもらっても、貴重な器のほうがよかったと、がっかりする武将すらいたらしい。

その戦国武将に珍重されていた、特別に有名な器がある。「曜変天目《ようへんてんもく》」である。「曜変」は、窯《かま》で陶器を焼く過程で起こる大変容を表す言葉だ。曜変天目茶碗《ちゃわん》は、中国で十二世紀から十三世紀（南宋《なんそう》時代）の間だけ生み出されたと考えられている。「てんもく（Tenmoku）」は、中国の杭州《こうしゅう》市の西にある有名な山、天目（Tianmu）山を日本語読みしたものだ。その場所から、ある種の器がもたらされたと信じられている。

曜変天目茶碗は、青紫を中心とした漆黒に近い深い色の中に、まるで膨張する真っ暗な宇宙に散らばった明るい銀河のように、星状の模様を持つものだ。だからこそここでは、とても単純に、「星の器」と呼ぶことにする。星の器は世界に三つしか残っていない。そのすべては日本にあり、いずれも国宝に指定されている。それぞれが他の二つと似ても似つかず——紛うかたなき個性というものを持っていて、忘れがたい印象を残す。

日本には貴重な器についての伝説が多々あるが、星の器についての伝説は特に鮮烈である。歴史上では四つ目の星の器があって、織田信長《おだのぶなが》によって大切にされていた。織田信長は、応仁の乱に始まって百年以上も続いた大混乱時代をいままさに終わらせ、日本を統一するというときに、家臣の明智光秀《あけちみつひで》にクーデターを起こされた。京都の本能寺で一五八二年、彼が早すぎる死を迎えることになったときに、それは破壊されたと信じられている。不意を突かれて、勝ち目も逃げ道もないことを見て取ると、誇り高い信長は自害すると共に、寺に火を放ち、すべてを破壊した。その最高の器も含めてだ。

どのように星の器が作られたかは、陶器作りの歴史の中で、最も大きな謎《なぞ》の一つになっている。釉薬《ゆうやく》（焼く過程の前に陶器を覆《おお》うようにかける特別な材料を混ぜた液体）は、長石と、石炭石と、酸化鉄から作られると一応は考えられている。粘土をどのように準備して、焼成、冷却の過程で釉薬がどう変化して、どう仕上がるかによって、器は、表面の模様と手触りをさまざまに変える。これらの器は、仕上がりの変わりやすさが著しい。職人たちにも完全には理解できず、コントロールすることができない、錬金術的変化の過程がある。どんな模様が出るか莫大《ばくだい》な数の可能性がある中で、めったにない偶然により、星の器は誕生した。おそらく、星の器が生み出される確率は、何万個に一個より少ない。

そして今日、星の器の再現は、日本の有名な陶芸家の目標となり、〈こだわり〉となってきた。この人たちはこの貴重な器を、その再現が人生のすべてをかける情熱となるほどに愛している。星の器の再現は、現代の日本の陶芸家にとっての聖杯に当たる。

その一人は、九代長江《ながえ》惣吉《そうきち》だ。織田信長がかつて支配していた、名古屋に近い瀬戸市を拠点とする陶芸家の家の九代目主人である。「長江」は家名で、「惣吉」はその家の主人が代々引継ぐ名前だ。

星の器の再現は、もともとは彼の父、八代長江惣吉の夢だった。九代長江惣吉は、父親は「一度始めると、それに人生を懸《か》ける」種類の男だったと証言している。父が生前、「曜変天目」について語るのを、子供の頃から彼は何万回と聞いた。それは文字通り彼らの生活を埋め尽くしていった。実際父親は、星の器の追究の虜《とりこ》になって、ある時期には、日々の仕事を放棄した。日々の仕事というのは、伝統通りに瀬戸物を作ることだ。

八代長江惣吉は、いくらかの進展はさせた。ある時点では、あたかも成功は間近というくらいに見えた。しかしそこから長い膠着《こうちゃく》状態が始まった。星の器の再現を成し遂げることなく、彼はこの世を去った。九代長江惣吉を継いだ後、長江は、その器を再現する独自の努力を始めた。陶器作りのために、何百という異なる素材を買い集め、異なる組み合わせを異なる比率で試して行った。長江は七百種類以上の釉薬を試した。

星の器は、中国の福建省の「建窯《けんよう》」と呼ばれる窯で作られたと考えられている。かつてその土地には十くらいの窯があって、星の器はそのうちの一つで作られた可能性が最も高いらしい。現代に発掘されたそれらの窯の一つは、百三十五メートルの長さがあって、かつては十万個以上の陶器が焼かれていたと思われる。建窯があった場所は、大体十世紀から十三世紀にかけて、三百年以上もの間使われていた。星の器はそこで生み出された何百万もの器のうちの一つだったというわけだ。

九代長江惣吉は、建窯のあった場所からコンテナいっぱいの粘土と釉石を取り寄せた。それは八十トンに及び、一万個の器に相当する材料だった。建窯の土で器を作ることは彼の父、八代長江惣吉から受け継がれた夢であった。長江にとって、星の器の再現は、ピラミッドを建造するようなものだった。いつかはその頂点で星の器を見ることができるだろう。しかしながら、昇ることを可能にするためには、まずは大地をならさなければならない。

建窯のあった場所では、いまだに失敗作の器の山が残っている。時に十メートル以上にも及ぶ割れたかけらの層が、十二ヘクタールの土地を覆っている。奇妙なことに、星の器のかけらはそこでは一度も見つかっていない。これがさまざまな憶測を呼び、陰謀説すら唱えられた。

しかしながら、二〇〇九年、星の器の破片が、南宋王朝（一一二七〜一二七九）の事実上の首都だった、杭州市の建設現場で見つかった。これにより陰謀説にきっぱりと終止符が打たれた。今では、星の器は、間違いなく建窯の職人によって生産されたと考えられている。

二〇一二年に、九代長江惣吉は、千七百年間陶磁器を生産しつづけてきた市、すなわち「陶磁器の都」として知られる景徳鎮《けいとくちん》市で開かれた国際シンポジウムで、発表をした。この発表で長江は、この古《いにしえ》の時代の器を再現することに向けて、彼のとっていくアプローチの原則を披露した。長江は、建窯で蛍石《ほたるいし》を使って焼成したことが、日本にある星の器も含め、さまざまな天目茶碗の模様を形成したのではないか、という仮説を立てたのだった。

今日、星の器の再現について、成功の兆《きざ》しというのはいくつか見つかっているが、長江の探求も、その他の陶芸家によるものも、完成にはほど遠いのが現状だ。

星の器の物語は、いくつかの意味で日本人の思考傾向の特徴を表している。最も顕著な特徴は、外国から来たものに対して示す強い好奇心である。中国から渡来したこれらの器には好奇心を向けずにいられない。既に述べたように、日本に残る三つの星の器は、国によりすべて国宝に指定されている。他国で生み出された工芸品が、日本政府によって高い価値を認められ、最高位を与えられるという例は他にも多数ある。ただし、この「国」宝という表記は、狂信的愛国主義とは何の関係もない。日本の人々は輸入したものを受容し、それを吸収し、自分のものにするということが得意である。古代の中国の文字であろうが、近年ブームになったイングリッシュ・ガーデンであろうが、すべてそうだ。野球はアメリカから輸入され、日本のスポーツとして極めて独特の特徴を持つものに進化を遂げてきた。カナダの小説家ルーシー・モード・モンゴメリの『赤毛のアン』、あるいは、フィンランドの作家トーベ・ヤンソンの『ムーミン』を見てみよう。両方ともアニメ化され、非常に人気を博している。小説家の村上春樹《はるき》は、英語で書かれた作品、中でも注目すべきはレイモンド・カーヴァーの作品を翻訳してきた。小説家としての彼の評価により、また彼の翻訳自体の質の高さにより、この著者は、日本の読者の中にカルト的信奉者を生むほど、高い人気を博すようになった。

この章で見てきたように、日本人は、馬鹿げて見えるくらいに細心の注意を払って、物を生み出すことに身を捧《ささ》げることがある。「千疋屋」で売られている完璧なフルーツもそうだし、星の器の再現への試みもそうだ。その人の〈こだわり〉に従って行動することから得られる〈生きがい〉が、これらの行為の原動力になることがよくある。あなたが〈こだわり〉を静的に捉えるなら、それは、ある方法への固執、伝統重視、外的な影響力に対して心を閉ざすことにつながるものに見えるだろう。しかしながら、これまで見てきたように、〈こだわり〉は外的な影響力の拒絶につながるものでは必ずしもないのである。本当は全く逆で、日本人はこれまで好奇心溢《あふ》れる人々だったし、今もそうだ。

重要なことだが、「小さく始める」のは、若き日々の特徴だ。人は若いときには、それほど大きく物事を始めることはできない。若者がやることは、もしかしたら世界にはそれほど関係のないことかもしれない。若者は小さく始めなければならない。そして若者が豊富に持っているものは、開かれた心、好奇心である。これらは、目標を達成するための、上等なキックスターターとなる。子供が常に知りたがり屋であるのを見れば、好奇心と〈生きがい〉とがどうつながり合っているかがわかるだろう。

面白いことに、戦後、連合国軍最高司令官ダグラス・マッカーサー元帥《げんすい》（彼がGHQの最高司令官としてこの国の指揮を執った）が、日本人のことを「十二歳の少年」と言及したのは有名である。この発言でマッカーサーは、当時の日本の民主主義の未熟さを指摘した。この言葉は、当時軽蔑《けいべつ》的な意味に受け取られた。しかし好奇心という言葉で表現される若々しい思考傾向は、人生でプラスになるものだという見方をすれば、マッカーサーの発言は褒め言葉と変わるだろう。

〈生きがい〉は我々すべてをピーターパンにしてしまうことがある。そしてそれは必ずしも悪いことではないのだ。みんなで十二歳になろうではないか！

心の若々しさは、〈生きがい〉には重要である。しかし、献身や情熱も重要だ。たとえ、あなたの目標がどんなにちっぽけなものに見えたとしても。

第四章　〈生きがい〉の感覚的美しさ

完璧《かんぺき》な状態の「星の器」は、もしもオークションに出たならば、数億円の値がつくだろう。残存する三つの器のうちでは、「稲葉《いなば》」と呼ばれる星の器（「稲葉天目」）が、最も優れているとみなされている。これは徳川将軍家から春日局《かすがのつぼね》を経て稲葉家に伝えられたとされており、今日市場に出たら数十億円という値になるだろう。

岩崎小彌太《いわさきこやた》は、三菱財閥の四代目総帥《そうすい》で、近代日本における最も裕福な男の一人だ。一九三四年、彼がその特別な器の所有者になったのだった。しかしながら岩崎は、その器に自分はふさわしくないと考えており、自らの茶会でその器を使用することは一度もなかった。

日本人は良い器について、確かに過剰反応しているかもしれない。結局、器は器に過ぎないのであり、その機能は液体をためることだ。機能に関しては、市場に出ているごく一般的な器のどれをとっても、星の器となんら変わりはないのである。また、こういった器を取り巻く熱狂というのは、確かに他の文化でも見られる。しかしその一方で、日本文化にしかない何か独特なものがあるように感じられる。日本文化の何かが、日本人の器に対する情熱をどこか尋常でないものにしているのだ。この種の感覚的熱狂はどこから来るのだろうか？

第一章で、その文化の重要な性格的特性は、徐々にそれについての表現を獲得し、最終的にはたった一語で表されるようになる、という語彙《ごい》仮説に触れた。〈生きがい〉という言葉がまさにそうだったわけだ。しかし、日本語に関してはもう一つ面白い側面があり、ここでそれに注目しておくことは大事なことだと思われる。この文脈にはぴったりなのだ。

日本語では、犬はワンワンと吠《ほ》える。猫はニャーニャーだ。英語では、犬はバウワウ（bow-wow）、猫はミャウ（meow）と鳴く。それぞれの言語にこういったオノマトペがあるのだが、日本語には桁外《けたはず》れに豊富なオノマトペがあると一般に考えられている。

オノマトペの豊富さは、日本語には、音象徴《おんしょうちょう》（音そのものがあるイメージを表す特性）があるためだと言われる。そして日本語のオノマトペは、同じ言葉が二回くりかえされることが多い。

例えば、「ふらふら」は、不安定に揺れ動く様子のことで、「ぶらぶら」は、無目的に気楽に歩くことを言う。「きらきら」が、光が反射して輝くことを言うかと思えば、「ぎらぎら」は、もっと強く輝くことであり、夜のモーターバイクのヘッドライトのように、あやうく目がくらんでしまいそうになるほど強い光源のことを言う。また「とんとん」は、軽く叩《たた》く音を言い、「どんどん」は、重くぶつかる音を言う。小野正《まさ》弘《ひろ》編『日本語オノマトペ辞典』（二〇〇七）には、そうしたオノマトペの四千五百もの例が載っている。

日本の漫画やアニメが人気になるにつれて、世界のあちこちで日本のオノマトペに興味を持つ人々が増えている。人気の漫画やアニメ作品の中で、そういった表現が頻繁に使われるからである。しかしながら、日本語のオノマトペを完全に自分のものにすることは難しい。使い方が微妙すぎることが一因であり、また、たくさんありすぎるというのも一因だ。他の文化とは違って日本では、オノマトペを子供の時だけでなく、大人になっても使い続ける。実際、日本人が専門的な議論の場などでオノマトペを使うことは珍しくないのである。このような日本人の知覚構造が、いくつかの特殊な産業分野において特に発達してきたのは確かだ。例えば料理という分野。小野二郎氏のような寿司《すし》職人や、藤田浩毅氏のような魚の仲買人が、その会話の中でオノマトペを使うことは想像にかたくないだろう。なぜならオノマトペは、食べ物の感触や味わいを表現するのにぴったりなのだから。同様に、昔の武士がオノマトペを使って、刀の質、すなわち刃の表面の輝きや、手触りを議論するところもはっきり想像できるはずである。漫画家もまた、オノマトペをよく使う。漫画の登場人物の動きに微妙なニュアンスを出すために、「とんとん」「どんどん」などを使うのだ。

日本語にこんなにたくさんのオノマトペがあるのは、語彙仮説によれば、日本人が世界を感知する方法と関係しているからだ。日本人は、経験のニュアンスの違いを、感覚の質に注意することで区別しているようだ。オノマトペがこんなにも増殖しているのは、日本人の生活の中で、細かな感覚的ニュアンスが重要だからなのだ。

そのような細部への注意は、イノベーションの波が押し寄せ、我々の人生を変えていくことが確実なこの時代にあっても、職人が尊敬され続ける文化を育《はぐく》んできた。

日本には職人たちによって作られる伝統工芸品がいまだ数多くある。職人たちは、表で派手に賞賛されることはないけれども、日本社会の中で重んじられており、中心的な役割を演じている。しばしば、職人たちの人生は、〈生きがい〉が具現化したようなものだと言われる。――どんなに小さなものだろうと、たった一つのものをきちんと創《つく》り上げることに人生が捧《ささ》げられているからだ。

職人たちの仕事は、非常に労力を必要とし、時間がかかる。結果として、その作品は上品で、洗練された質感を持つことになる。日本の消費者は、その物が作られるのにどれほどの時間と労力が注ぎ込まれてきたかがわかるから、その質の良さを賞賛するのである。伝統工芸は包丁、刀、はさみ、陶磁器、漆器、和紙、織物など多岐にわたる。

職人たちの倫理感、そしてその仕事そのものが、さまざまな経済活動に影響を与え続けてきた。また同様に、日本人が何種類もの感覚の質を見分け、大事に扱うからこそ、素晴らしい職人技、生産技術を生み出すことにもなってきた。

日本企業は家庭用電化製品の分野で存在感を失って久しいけれども、日本がまだ卓越している一つの分野は、医療用カメラなどの精密機器の製造だ。最高精度の技術力と、完璧さへの献身が、日本の医療用カメラを世界一にしている。同様に、半導体装置においても、日本の製造業者は優位にある。ノウハウの積み重ね、入念に調整された操作の積み重ねが、性能良く、質の高い製品を作り出すためには欠かせないからだ。

職人の技術や先端機器製造を支えているのは、細かく調整された一つひとつの操作であり、それを実行するためには、さまざまな感覚的経験に注意を払うことが不可欠だ。そして、これらの認知的な能力は職人の技術に表れるだけでなく、日本語の言語構成にも表れている。日本語のオノマトペの豊かさは、そういった細やかな感受性を反映しているのだ。

後に第八章で見るように、日本人の心の中の一つひとつの感覚的質感は、一つひとつの神にも値する。全宇宙を創造した一神教の物語が無限に深いのと同様に、日本人は、自然や工芸品の多様な色のニュアンスには、無限の深みがあると信じる傾向がある。

紀元一〇〇〇年前後、一条天皇の皇后定子に仕えた女官、清少納言《せいしょうなごん》は『枕草子《まくらのそうし》』を書いたことで有名だ。一例を挙げれば、清少納言は人生の中の小さな物事に恐ろしいほど細かく注意を払っていることがわかる。「うつくしきもの。瓜《うり》に描きたるちごの顔。すずめの子の、ねず鳴きするに躍り来る。二つ三つばかりなるちごの、急ぎて這《は》ひくる道に、いと小さき塵《ちり》のありけるを、目ざとに見つけて、いとをかしげなる指《および》にとらへて、大人ごとに見せたる、いとうつくし」。

清少納言は人生を描くのに大げさな言葉は使わない。彼女はただ人生の中で出会う小さな物事に注意を払い、「〈今ここ〉にいる」大切さを本能的に理解する。清少納言は自分自身のことは話さない。彼女の周りにある、小さな物事に触れることが、彼女らしい個性を表現することなのだ。それは直接に自分自身を語るより、ずっと効果的に彼女自身を語る。

『枕草子』に表れている清少納言の方法は、現代で言えば、「マインドフルネス」の概念に近いものだ。マインドフルな状態になるためには、物事に対して何でも急いで判断を下そうとせずに、「今ここ」に注意を払うことが重要である。また、自己への執着はマインドフルネスを達成するためには邪魔になると考えられている。

『枕草子』が書かれた時期（完成は一〇〇二年頃）を考えてみると、この随筆の徹頭徹尾世俗的な性質は、現代の時代精神を一千年も先取りしていると言えるだろう。清少納言が生きた時代は現代だとすら言ってしまいたくなるくらいだ。

人生の意味という点において、人生哲学に日本人が貢献していることがあるとすると、無我の精神なのかもしれない。

神谷美恵子《かみやみえこ》氏がその有名な著書『生きがいについて』で強調しているように、心配事のない子供には〈生きがい〉をわざわざ持ち出す必要はない。のびのびと遊び回る子供は、ただ遊ぶことで得られる喜びこそが〈生きがい〉であって、真の仕事で、自分を社会的に定義するという重荷を背負わされていない。人生を通して、子供の方法を維持できたら素晴らしいだろう。これが〈生きがい〉の二番目の柱「自分を解放する」ということなのだ。

清少納言は、『枕草子』の中で、社会の中での自分の立ち位置について一度も言及することがなかった。彼女はまるで、今朝生まれたばかりであるかのようで、地上に今初めて落ちた雪にそっくりだ。彼女のように自分自身を忘れることは、禅の教義にもつながっていくのである。マインドフルネスの精神を達成することにおいて、無我と、「現在（今ここ）」を認めることとがどうつながり合っているかを見るのは重要だ。「自分を解放する」ことは「〈今ここ〉にいる」ことと深く関係しているのである。マインドフルネスという現代的概念が生まれたのは、仏教徒の瞑想《めいそう》の伝統の中だった。

福井県にある永平寺は、禅の大本山の一つである。道元によって開かれ、僧になりたいという人たちのための学び場、修行場として、今日でも機能している。何千という修行僧がやってきて、その寺で勉強をして、修行をし、瞑想をして、住職になる資格を取得してきた。永平寺の修行僧として受け入れられるためには、何日も門前に立ち続けなければならない。たとえどしゃぶりの雨の中でもだ。現代的な目から見れば、虐待《ぎゃくたい》と言われてもおかしくないが、なぜ禅の世界へ入るのにそのように自分の身を貶《おとし》めることが必要なのか、これには道理があるのである。無我という観点から大事にされているのだ。

禅僧の南直哉《みなみじきさい》氏は、永平寺に二十年近く留まって暮らした経験を持つ数少ない人物だ（たいていの修行僧は数年間だけ資格を取るために留まる）。この南が次のように言っている。——永平寺の（より一般的には禅宗での）最も重要な決まりごとの一つは、能力主義をなくすことだ、と。外の世界では、人々は、何か価値あること、何か良いことをすれば、功績が認められ、信用が増していく。しかしながら永平寺の中では、立派な行為をしたからといって見返りはない。ひとたびそのシステムの中に入ってしまえば、何をしようと、どれほど熱心に瞑想をしようと、どれほど意識的に毎日の仕事に取り組もうと、何の変わりもない。誰でも、他の普通の修行僧と同じように扱われる。まるで匿名《とくめい》の存在、目に見えない人物となり、個性など何の意味もなさないものになる。

永平寺のスケジュールは過酷である。修行僧は朝三時半に起き、身支度を調えたら、朝の瞑想が始まる。その後は、さらに瞑想、清掃、その他さまざまな日課が続き、ぎゅうぎゅう詰めだ。修行僧は日に三度食事を取る。そのメニューは非常にシンプルで、米と麦、汁もの、それと二、三のベジタリアンのおかずということになっている。

日中は、永平寺は一般の人々に開かれていて、観光客は中を歩き回ることができる。修行僧は、観光客と同じ空間を共有している。だからときどき観光客は、廊下を歩いて行く修行僧に遭遇することがある。観光客の顔つきと、修行僧の顔つきとを比べてみれば、これほど違いがあるものは他にない。観光客は自意識に重きを置いており、自分を何とか役に立てよう、何とか信頼を得ようという、プレッシャーたっぷりの広い世界の空気を運んで来る。一方、修行僧は、まるで、他人はもちろんのこと、自分という存在にすら気づいていないかのように歩いている。彼らは〈生きがい〉の「自分を解放する」という柱の実現に成功しているのである。彼らの身体《からだ》は引き締まっていて、皮膚はなめらかで（永平寺の食事は美容に良いと言われている）、観光客がうらやましくなってしまうほど、没我の表情をしている。

ほんの少しの間だけ、自分が永平寺の修行僧の一人になることを想像してみてほしい。そこで暮らしていたら、あなたの心は、永平寺の精巧な建造物をずっと感じ続けることになる。その美しく設計された建物には、長年に亘《わた》って維持されてきた美、磨かれてきた美があって、内部も外部も、何もかもが美しい。物質的な満足は最低限にしか満たされないだろうし、自我に関しては全く満たされないだろうけれども、永平寺を歩いて費やされる一瞬一瞬は、途切れることのない感覚的美の流れになる。

この寺の空気に没入したら、どれだけ時間が過ぎてもかまわないというくらいの幸福感を味わうことだろう。この寺の中は、個性と能力主義を失う代わりに、修行僧が日々の決まり事を実行していけるように設《しつら》えられ、穏やかな美で溢《あふ》れている、という感じなのである。

イギリスの心理学者ニコラス・ハンフリーは、著書『ソウルダスト――〈意識〉という魅惑の幻想（原題：*Soul Dust: the Magic of Consciousness*）』の中で、意識の機能的意義を提唱している人物である。彼は、意識がなぜ機能的に重要なのかと言えば、我々に感覚的な喜びを与えるからで、それが人生を続ける理由になるのだ、と論じている。

ハンフリーは、アメリカ合衆国で死刑執行前の囚人が最後の食事に何を食べるかという、驚くべき例を取り上げている。死刑囚は、自分が最後に食べるものを選ぶことができるようになっている。ハンフリーが紹介しているのは、テキサス州刑事司法局のウェブサイトに載っていた死刑囚の最後のメニューだ。フライドフィッシュ、フライドポテト、オレンジジュース、ドイツ風チョコレートケーキというメニューを選んだ囚人もいるし、半熟の目玉焼き八個を中心にメニューを組み立てた人もいる。ここで大事なことは、この人たちが人生のこの本当に最後の食事に対して、熟慮に熟慮を重ねていることだ。我々が食べ物から得ている感覚的喜びがどれほど重要かを示す証拠である。これは「〈今ここ〉にいる」という〈生きがい〉の柱の究極の形と言えるかもしれない。これはあたかも、自分に与えられた環境で〈生きがい〉を見つけることが、生物としての適応の形だと示しているようだ。〈生きがい〉はどんな条件であっても見つけられるのだ。そしてそのように逆境に強くなるための鍵《かぎ》が、感覚的な喜びなのである。

現代の意識の科学では、経験に伴う感覚的な質感、例えば、おいしいものを食べる時に伴うそれらのことを、「クオリア」と呼ぶ。この言葉は、感覚的な経験の現象学的な特性のことを指す。すなわち、赤の赤らしさ、薔薇《ばら》の香り、水の冷たさなど、一つひとつの質感がすべてクオリアである。クオリアが脳の神経細胞の活動からどのように生じるのかということは、神経科学において、否《いな》、科学全体において、いまだ誰にも解かれていない最大の謎《なぞ》である。偉大な謎ほど、我々に火をつける物はない。もしもあなたがイチゴを口に入れたなら（別に「千疋屋」で売られているような高価で完璧なものでなくてかまわない）、あるクオリアのスペクトルが感じられるのであって、それによってあなたに喜びが与えられることになるわけで、つまり、食べ物の喜びは、人生の謎に等しいのだ。

この章の冒頭で我々は、日本語にはオノマトペ（音象徴）がたくさんあるという事実に注目した。オノマトペは結局、人生の中で遭遇するさまざまなクオリアを表しているのだ。

ここには深いつながりがある。不思議なことに、「自分を解放する」ことは感覚的喜びの発見につながっている。豊富なオノマトペ表現を持つ日本文化は、このつながりを磨いてきたのであって、その中で〈生きがい〉というとても強靭なシステムを育ててきた。自己という重荷から、自分自身が解放されることによって、我々は感覚的喜びの無限の宇宙の中へ開かれていくのである。

第五章　フローと創造性

自分をなくすというと、あまり良くないことに聞こえることもある。そんなの嫌だと拒絶感が湧《わ》いてくる人もいるだろう。しかしながら、〈生きがい〉という文脈でこのアプローチを取ることにより、どんなに有益なものが返ってくるかを理解すれば、これ以上に良いことはないのである。

ハンガリー出身のアメリカの心理学者ミハイ・チクセントミハイによって、人間には「フロー」という心理的状態があることが示された。この「フロー」に達し得たならば、〈生きがい〉から最も多くのものを得ることになる上に、日々の雑用まで楽しめるようになってしまう。この状態では、自分の仕事や自分の努力を人に認めさせせようとする必要を感じなくなり、いかなる種類の報酬も期待しないようになる。他人からの承認で得られるその場限りの満足を探し求めずとも、常に幸せでいる暮らし方が、突然あなたの手の届くものになるのである。

チクセントミハイによると、「フロー」とは、人がある活動に夢中になって、その他のものが何も気にかからなくなるほど没入した状態のことである。そのようになってはじめて、人は仕事の喜びを知る。仕事は、何か他の目的を達成するための手段として、仕方なく耐え忍ぶものでなく、それをやること自体が楽しいというものに変わっている。フロー状態になると、あなたはもう生活費を稼ぐために働いているのではない。少なくともそれが最優先事項にはなっていない。あなたが働くのは、仕事自体があなたに大きな喜びをもたらすからなのだ。賃金は、おまけに過ぎなくなっている。無我は、それゆえに、自己という重荷からの解放になるのであって、フローの基本となる。それは〈生きがい〉の二本目の柱「自分を解放する」に該当する。当然、生物学的存在として、人は自分自身の幸せが気になるだろうし、欲求を満足させたいと思うことだろう。それが普通である。しかしながら、フロー状態を達成するためには、自我を解き放つ必要があるのだ。結局、重要なのは自我ではない。仕事の中のさまざまな要素を受けとめ、蓄積していくことなのだ。我々が主人なのではなく、仕事が主人となってしまうようなフロー状態というものがあって、フローの中では我々は本当の喜びの中で仕事と一体となっている。個人の目的を真剣になって追求することは、日本では珍しいことではない。人生には、何かと結びつくことが必要なのだ。人が自分の〈生きがい〉を支える小さなものを持つと同時に、それとの結合が人生に方向感覚を持たせ、人生の目的というヴィジョンが表れる。実際、何かと一体となり人生の目的意識を持つことが、最終的に、小さな〈生きがい〉を輝かせることになるのだ。

日本の骨董《こっとう》愛好家の中では、ときどき次のように言われることがある。――「無意識の創造」が一番の傑作を生み出すのだ、と。現代の芸術家は、自分たちの個性を意識しすぎるようになってしまったと言われる。古《いにしえ》の時代の芸術家は、創造者としての権利を主張するために制作を行うことはなかった。彼らはただ自分の仕事をしていた。日常の中でこれを使う人々が、使いやすいと思ってくれるように焼き物作りをするだけで、それ以上のことはなんら期待していなかった。古くから残っている焼き物は、純粋で、誠実な姿をしている。骨董好きの人々によれば、現代にはそのようなものはないのだそうだ。これらの器には、匿名《とくめい》の美があるのである。

自己の重荷から解放されて、フロー状態にあるならば、それは仕事の質に表れる。星の器の美は至高であるが、それはこれらが無意識の努力の産物だからだ。星の器を再現しようと現代に試みても、古のものにある穏やかな美を作り出すことができないのは、それが何か特別に美しいものを作り出したいという、意識的な行為になってしまっているからかもしれない。我々は直感的に「無意識の創造が一番の傑作を生み出す」という見方が正しいことを知っている。自撮り写真、自己啓発、自己宣伝に溢《あふ》れた世界の中では、ますますこの原理は正しいという気がしてくる。

日本のアニメは今世界的に有名になっている。しかしながら、アニメーターの給料が安いということもよく知られた事実である。銀行員や販売員のようなより実用的な仕事に比べると、アニメーターの平均月収は少ない。それにもかかわらず、アニメーターは、多くの若者の憧《あこが》れの仕事であり続けている。財産を成すことはできないということを十分知った上で、アニメーターになりたいとスタジオに押しかける若者は絶えることがない。

アニメ作りは厳しい仕事である。「となりのトトロ（My Neighbor Totoro）」、「千《ち》と千尋《ひろ》の神隠し（Spirited Away）」などの作品で知られる、日本のアニメーションの巨匠、宮崎駿《みやざきはやお》氏にとって、映画作りは長時間続く重労働である。宮崎は机にかじりついて、キャラクターを決定し、場面を指定するため、何千という絵コンテを描き続ける。その後それに基づいて、彼が共同設立した「スタジオジブリ」のアニメーターが作画し、洗練させていくことになる。

私は一度スタジオジブリで宮崎駿氏にインタビューをするという光栄に与《あずか》ったこと

がある。数しれない賞賛を受けてきた宮崎だが、その発言から判断するに、彼の仕事の喜びは、アニメを作る作業自体から来ていると思われた。宮崎駿氏はアニメをフロー状態で作っている。それは彼のアニメ自体が証している。彼の仕事から発せられている最高の幸福をあなたも感じとっているだろう。こういう点では、子供ほど正直な消費者はいない。例えば、それがどれほど教育的に価値があるとあなたが思っても、子供には見ることを強要することはできない。それゆえにスタジオジブリのアニメ作品を見せられた子供が、自発的に見続けて、もっともっととせがむという事実は、宮崎によって作られた映画の質がどういうものかを示す一番の証拠なのである。

思うに、この人は、子供の心理を理解し尽くしている。そして、それはおそらく彼自身の内部に小さな子供が生きているからである。フロー状態にいるというのは、「〈今ここ〉にいる」のを大切にするということである。子供は、「現在」に生きていることの価値を知っている。実際、子供は、過去や未来といった明確な観念を持っていない。子供の幸せは、「現在」の中にある。宮崎駿氏の幸福もちょうどそんな風なのだ。

宮崎はある話をしてくれた。その話は私にいまだに強烈な印象を残している。「一度、五歳の子供がスタジオジブリに来たことがあった」と言う。その子供がしばらくスタジオで遊んだ後に、宮崎はその子と両親とを近くの駅まで送って行った。当時の宮崎の車は屋根が開くオープンカーだった。「この子は屋根を開けてあげたら喜ぶだろう」と宮崎は考えた。しかし屋根を開けようとしたちょうどその瞬間、小雨が降り始めた。「次の機会にしよう」と宮崎は判断して、屋根を閉じたまま駅まで運転して行った。

しかし少し経《た》って後悔の念が湧き始めたという。子供にとって、その一日はその一日。二度と同じ日は戻ってこないのだ。子供は急速に成長して、これまでの自分から脱皮していってしまう。たとえその子が一年後にまた来て、今度は屋根を開けて運転したとしても、同じことにはならない。その貴重な瞬間は、永遠に失われてしまったのだ。

そう語る宮崎の言葉が本当に誠実で、私は深く心を動かされてしまった。宮崎が子供の立場に自分自身を置くことができるから、子供を虜《とりこ》にするアニメの傑作を次から次へと生み出せるのだ、ということをこのエピソードこそ表しているだろう。宮崎は、彼の内なる子供を生かし続けているのである。子供という存在の最も重要な特性は、「現在」、すなわち〈今ここ〉に生きている、ということだ。我々が創造的な人生を送るためには同じ態度が不可欠なのである。

道者である。彼もまた、遺《のこ》した作品の質から判断するに、フロー状態でアニメーションを作っていた。彼は大きな成功をしたわけだが——五十九回アカデミー賞にノミネートされていて、名誉賞も加えれば二十六回オスカーを獲得している——、アニメーション作りという時間のかかる、恐ろしく複雑な仕事に没入したいと思うことがなければ、こうした目のくらむような高みに到達することはなかっただろう。一度ディズニーは誰かにこう言われたことがあるらしい。「君はもう大統領になれるほどに有名だ」。ディズニーはこう言い返した。「一体どうして大統領になりたいと思うだろう？既にディズニーランドの王になっているのに？」。

今日では、老いも若きも、たくさんの人々がディズニーアニメを見ながら、また、ディズニーランドの乗り物に乗りながら、フロー状態を経験している。ウォルト・ディズニー氏の最も偉大な遺産は、フロー状態を誰でも持続的に経験できるようにしたことなのかもしれない。彼のおかげで子供時代の魔法を永遠に失っていたかもしれない何百万という普通の人々が、フロー状態を共有できるようになったのだから。

フロー状態、あるいは仕事と自己との関係という文脈において、日本人の態度は、少なくとも西洋の標準と比べたら、特異と言っていいだろう。西洋ではディズニーのような人々は例外的だ。キリスト教の伝統の中では、労働は必要悪（原罪を犯してエデンの園をアダムとイブが追放された結果の比喩《ひゆ》で）と見なされているが、日本人は、仕事を、それ自体で何かポジティブな価値があるものとして受け入れている。退職に対する態度も、日本では違う。ここではサラリーマンは、定年に達し退職した後でさえ、何か仕事をすることを楽しみにしている。――そしてそれは、この人たちが何をしていいかがわからないからではないのである。

日本の労働条件はおそらく完璧《かんぺき》にはほど遠いのだが、たくさんの人々が、退職するより働きたいと思っている。フロー状態は、働くことを持続可能にし、楽しくする。宮崎駿氏は、過去に何度も「引退」を宣言しながら、後にそれを撤回して長編アニメーション作りを再開してきた。最新の「引退」宣言は、二〇一三年の「風立ちぬ（The Wind Rises）」の完成後だった。この時ばかりは多くの人が、とうとう偉大な監督の最後の作品だと考えた。しかしながら、宮崎はまた長編アニメ制作を開始した。「君たちはどう生きるか」は二〇二三年頃完成と想定されている。宮崎はやはり仕事場から離れることができないのだと思われる。

チクセントミハイは、フローに関する研究のインスピレーションを、友人の画家を観察している時に得たと証言している。その友人は、何時間も作品に向かい続けて飽きることがなく、しかもその作品を売るつもりもなければ、それに対する経済的な報酬を得ることを考えてもいなかった。直接的な報酬や、世間からの認知を求めることなく、「〈今ここ〉にいる」喜びに自分自身をただ浸しているという、こういった特別な心の状態、もしくは仕事倫理が、〈生きがい〉という日本語の概念の核心部なのである。

ここで日本のウィスキー作りの現場を見てみよう。日本のウィスキー作りが、労働に対してポジティブな態度をとるという素晴らしい例であることがわかるだろう。それは無我と結びついた、愛の労働だ。そして、フロー状態と共鳴するところがたくさんあるのである。

日本でウィスキーを作る意味がどこにある？　とあなたは思うことだろう。この国は大麦の産地でもなければ、ウィスキーの香りに不可欠なピートもない。しかしながら、何十年という間、日本人は、優れたウィスキーを作るという仕事に身を捧《ささ》げてきた。そして今、国際的な賞を獲得するようなウィスキーを作っている。ウィスキーの専門家の中には、日本のウィスキーを、スコッチ、アイリッシュ、アメリカン、カナディアンに続く世界の五大ウィスキーに数える人も出てきている。

肥土《あくと》伊知郎《いちろう》氏の例を見てみよう。彼は、秩父《ちちぶ》の山地のささやかな敷地に、たった二つの小さなポット・スチルを用意して、ウィスキーを作っている。肥土家は、代々日本酒作りをしてきた。創業は一六二五年である。肥土伊知郎氏がウィスキー作りを始めようと決めたのは二〇〇四年だった。新しい蒸溜所《じょうりゅうじょ》が完成したのが二〇〇七年である。秩父シングル・モルトの最初の発売は二〇一一年。すなわちウィスキー市場へはごく最近参入したわけなのだが、「イチローズ・モルト」というブランド・ネームで発売された肥土のシングル・モルト・ウィスキーは既に世界市場でとても高く評価され、様々な記事で絶賛されている。「カード・シリーズ」と呼ばれるものは、五十四のシングル・モルト・ウィスキーからなっていて、それぞれにトランプ絵柄の独特なラベルがつけられて、数年間販売されていた。五十四すべてがそろったセットには、香港《ホンコン》で二〇一九年、七百十九万二千香港ドル（約九千七百七十万円）という値がついた。多くの人が肥土伊知郎氏を、ウィスキー作りの世界における新星と見なしている。

輿水精一《こしみずせいいち》氏は、「サントリー」のチーフ・ブレンダーとして、長年完璧なブレンドを見つけるという複雑で芸術的な仕事に従事してきた。彼は「響《ひびき》」のような高級ブランドの、ブレンディング責任者であり、数々の賞を受賞してきた。しかしそうした複雑な仕事の成果は、ウィスキーの場合何十年という時間が経《た》ってから現れるらしい。

輿水は、二〇二二年現在七十三歳という円熟した年齢にあるのだが、現在している仕事の成果がどのように明らかになるのか、彼自身が知ることはないかもしれない。

興水は自分に課した習慣を愛する人である。彼は毎日昼食にきっちり同じメニュー（うどん）を食べる。これはテイスティングをするのに必要な舌の能力を、絶対に損なわないようにするためだ。彼の主要な武器は、信頼性である。ウィスキーを熟成させるために倉庫に静かに眠っている樽《たる》のように、彼は不動だ。

彼はかつて私にウィスキーのブレンドに関する面白い哲学を披露してくれた。「特定の樽のウィスキーが、これからの年月の中でどう進化していくかを、予測することは不可能なのですよ」。たとえ同じウィスキーを同様のオーク樽に入れたとしても、寝かされている年月の中で異なる香り、味わいに熟成していってしまうらしい。また、彼によると、ある特定の樽の中で熟成されるウィスキーは、それ自体で楽しむのには個性が強すぎることがあるらしい。しかしながら、他のウィスキーとブレンドされると、強い個性が薄められる代わりに、そのブレンドされたウィスキーに驚くほど満足度の高い仕上がりを与えることがあるという。

一つの要素が、それ自身では賞賛されないのに、他の特徴を持つ複数の要素と混ぜ合わされると、全体の質に対して特別の貢献をする、というのは面白いことではないか？　それは人生の本質に似ている。有機的なシステムの中、様々な要素間で複雑な相互作用が起こり、人生を強靭《きょうじん》に、また、持続可能にできるのである。

日本人がワインに興味を持ったのはより最近のことだが、今日我々はウィスキーと同じようなプロセスが進行するのを目にしている。小規模な生産者が、世界標準のワインを作ろうと格闘している。ウィスキー作りとワイン作りには、共通点がある。目先の報酬や、世間からの注目を期待せず、長年に亘《わた》って忍耐強く作業していくことが重要だということだ。おそらく、それは、〈生きがい〉という強靭な感覚を持った日本人が得意とすることなのだ。

フロー状態になることは、仕事を楽しいものにするために重要である。しかし、同時に、仕事の質を高めるためには、細部への注意がなければならない、ということもある。

「今ここ」に没入し、喜びを引き出し、それと同時に、最も小さな細部に対して注意を払う。これは、茶道の本質でもある。茶道の完成者、十六世紀に生きた千利休が、戦国時代にこの思想に到達していたというのは驚くべきことだ。当時は、武将たちが互いに争っていて、戦に次ぐ戦、まったく終わりが見えず、おそらく毎日が非常に緊張を強いられる時代だった。

千利休が設計したと伝えられる唯一《ゆいいつ》現存する茶室、「待庵《たいあん》」はとても小さなものである。主人と数人の客が座るのもやっとというくらいの広さだ。その茶室はあえてコンパクトに設計されており、そのおかげで当時の茶会の常連であった武士たちが親密に会話できるようになっていた。武士たちは躙《にじ》り口の外に刀を残してくるのが決まりだった。武器を持って入るスペースがないように、極めて意図的に設計されていたのである。彼らはこの茶室に入るのに、体を折り曲げて、頭を低くする必要すらあった。

「一期一会《いちごいちえ》」という日本語の概念（文字通り「一生に一度しか出会えない」という意味）は、もともと茶道の伝統から来たものだ。利休がこの重要な概念を創った、と考えてよい。「一期一会」は、人生の中にある、人や、物や、出来事とのどんな出会いに関しても、その時にしか存在しないことを認識せよという意味だ。出会いというのははかない。だからこそ、真剣に扱う必要があるのだ。結局人生は、一度しか起こらないことで満ちている。人生の出会いにある一回性の認識とその喜びが、〈生きがい〉という日本語が作られた基礎であったわけで、日本人の人生哲学の中心になっているのである。あなたが人生の細部に注意を向けるようになれば、何一つとしてくり返されるものはないと気づくだろう。一つひとつの機会が特別なのだ。だからこそ日本人は、どんな日課に関しても、その細かすぎる細部を、まるで生きるか死ぬかの問題のように真剣に取り扱うのである。

茶道の伝統は今日でも強く生きている。実際、〈生きがい〉の五つの柱すべてがその中に含まれるように見えるのだから、この伝統は面白い。茶会では、主人が注意深く部屋の装飾を準備する。例えば、どんな花を床の間に生けるかという細かなことに最大級の注意が払われている（「小さく始める」）。また謙虚の精神が、茶会の出席者（主人と客）の特徴である。それまでにどれだけ茶道の経験を積んできたとしても、その場では謙虚でなくてはならない（「自分を解放する」）。そして茶会で使われる多くの道具が何十年と使われてきた物であり、時には、何百年という物さえあるくらいで、忘れがたい印象を作り出すために、一つひとつの物が調和するように注意深く選ばれている（「持続可能にするために調和する」）。入念に準備するにもかかわらず、茶会の究極の目的は、リラックスすることであり、茶室内の細部から喜びを得ることであり（「小さな喜びを持つ」）、自分の心の中に茶室という一つの宇宙を取り込むマインドフルな状態になることである（「〈今ここ〉にいる」）。

このすべては、日本語の「和」という古の概念に共鳴する。「和」は、他者の間で調和して生きながら、どうやって自分自身の〈生きがい〉の感覚を育てていくことができるのかを理解するための鍵《かぎ》である。六〇四年に聖徳太子が制定した十七条憲法は、「和を以《もっ》て貴しとなす（和を重んじよ）」と宣言している。以来、「和」は日本文化の決定的特徴の一つ、そして〈生きがい〉の重要な成分の一つであり続けてきた。聖徳太子は、この意味で〈生きがい〉の先駆者の一人である。

他の人々や周りの環境と調和して暮らすことは、〈生きがい〉の本質的要素である。マサチューセッツ工科大学の研究者によって発表された実験結果が次のようなことを示している。――「チームメンバー一人ひとりの社会的な感受性が、チームの成績を左右する決定的要因である」。それぞれの人の〈生きがい〉が、他の人々との調和の中で実行され、みんなが自由に意見を交わすことができるようになったとき、チームとしての創造性が発揮される。チームの人の個々の特徴が理解され、尊重されると、〈生きがい〉、フロー、創造性という黄金の三角関係ができあがるのである。

フロー状態にあるとき、あなたはあなたの内部のもの、外部のものを問わず、様々な要素と調和していて、あなたの前を通り過ぎていく多様で微妙なニュアンスに注意を払う認知能力を発揮することができる。一方、あなたが感情的に動揺しているとき、あるいは、偏見に強く囚《とら》われているときは、物事の極めて重要な細部に気づくために必要なマインドフルネスを失っている。そんな状態では、人生と仕事のバランスが崩れてしまう。あなたは、フロー状態にあるときにのみ、質の追求をすることができるのである。これは、肥土と輿水にとっては自明のことだ。

質について絶え間なく追求していくという態度は、日本のウィスキー作りの行き着く先、バーでも見られる。「EST!《エスト》」は東京の湯島にある伝説のバーである。そのオーナーは渡辺昭男《わたなべあきお》氏だ。彼は、四十年以上この場所で客をもてなしてきた。私個人として言わせてもらえば、世界で一番のバーは、日本で見つかるはずである。これは偏見に満ちた、馬鹿《ばか》げた意見に聞こえるだろうとは思うのだが、東京で生まれ育って、後に世界を歩き回るようになった人間の意見として聞いてほしい。私も人生で数軒くらいはバーに行ったことがあるのだ！

私が「EST!」を訪ねる幸運を得たのは、二十歳という法的に酒を飲んで良い年齢を超えたばかりの、大学生の時だった。そのバーに足を踏み入れた瞬間、ぎくりとなって、全く新しい世界を学ぶことになると直感した。「EST!」の内部は、日本のバーで一般に見かける物で整えられているが、その中にアイルランドや、スコットランドの文化が垣間見《かいまみ》える。ウィスキー、ラム、ジン、その他美酒のボトルが棚にきらきら並んでいる。

日本では、「EST!」のようなバーは、「ショット・バー」と呼ばれることがある。ショット・バーの独特な雰囲気を、一度も行ったことがない人に伝えるのは難しい。そこに居る客のエレガントさ、その場所の静かな落ち着きという点では、日本のショット・バーは、海外のワイン・バーに似ている。また上流階級の空間を思わせる点では、アメリカで言うところの「ファーン・バー（fern bar）」、すなわちシダなどの植物があしらわれた高級バーと似ているところはあるのかもしれない。しかしショット・バーに来る客は、独身である必要はないし、若手エリートでなくて良い。それに、そこは内装に植物を使っていることを特に強調してはいない。日本のショット・バーは、事実、一つの独自ジャンルなのである。世界に似たようなものはないというのが本当のところだ。

渡辺のカクテルの作り方の優美さ、その空間の静かな落ち着き、客の話への耳の傾け方、反応の仕方、すべてが私にとっては、素晴らしいインスピレーションとなった。使い古された表現のようだが、その夜、カウンターでウィスキーを啜《すす》りながら過ごした時間に、私は人生に関する価値ある教えをたくさん得た。

渡辺の秘密は何か。質に対する絶え間ない追求、献身、世間からの承認を求めず小さなことに集中することである。長年の間、新年の一週間と八月の中旬の一週間を除いて、渡辺は休暇を一日も取らなかった。その二週間の他は、一年中、一週間に七日、渡辺は「EST!」のカウンターの後ろに立ち続けてきた（現在は日曜は休みで渡辺が店に立つことは少なくなっているが）。彼は、彼のバーで出すどんな一杯にも気を配り、一杯一杯を真剣に扱ってきた。「ESTI」は客たちに高く評価されている店だ。この人たちの中には、俳優もいれば、編集者もいれば、物書きもいれば、大学教授もいる。しかし、渡辺が社会的な承認を追い求めたことは一度もない。彼は、マスメディアの注目に関しては極端にシャイである。一度こんなことがあった。「ESTI」で私の隣にたまたま座った客が何気なく発した一言で、私は、渡辺が若い頃、あの三島由紀《ゆき》夫《お》にカクテルを出したことがあるのを知った。三十年間私はこの場所へ通ってきたのに、渡辺が私にこの特筆すべき出会いについて語ったことはなかったのだ。彼はそういう人である。

社会的に認められることを期待しないのにもかかわらず何かをやっている人々について、もう一つ特筆すべき例がある。日本の皇室は歴史的に、文化を受け継ぐということを重んじてきた。科学や芸術は、皇室が愛し支える重要な分野である。音楽はその中心だ。皇室に仕える音楽家は、毎年皇居で開かれる何百という儀式、祭礼のため、特別な音楽を供する役割を担《にな》っている。このような伝統的な、古い宮廷音楽と舞踊は、合わせて「雅楽」と呼ばれる。「雅楽」は千年以上もの間、宮廷で演じられ続けてきた。

私は一度、雅楽を供する楽家《がくけ》に生まれた著名な雅楽師、東儀《とうぎ》秀樹《ひでき》氏と会話をしたことがある。「東儀」は奈良時代（七一〇〜七八四）から雅楽に関わってきた東儀家、すなわち千三百年以上も続いている家の名前である。東儀は、雅楽師が演奏する機会はたくさんあると私に言った。例えば、ある天皇の千二百年記念ということで演奏する。私がそういった音楽は誰が聴くのかと尋ねると、彼はあっさりこう答えた。——「誰も聴かない」。

「私たちは皇居の静けさの中、誰も聴く人がいないところで、楽器を鳴らし、歌い、踊るんです。深夜まで演奏します。そんな時には、亡《な》くなった天皇の魂が天から降りてきて、私たちとしばらくの間過ごし、音楽を楽しまれていくような、そんな感覚がするものです」。東儀は、自分が言っていることがごく当たり前のような感じでこう語った。雅楽という伝統の中にいる音楽家にとって、聴衆が誰もいない中で演奏するというのは、何ら特別でない、いつものことのようだった。

東儀の話は、「〈今ここ〉にいる」というフロー状態についての、とても詩的で、胸に刺さる説明になっている。あなたが至福の集中状態に達するならば、聴衆など必要ないのだ。あなたは「今ここ」を楽しんでいて、だから続けているのである。

人生では、我々は時に、優先順位や価値の置き方を間違える。特に我々は報酬を得るために何かをしがちである。もしも報酬が見込めないならば、がっかりして、仕事に対する興味と情熱を失ってしまう。これはまったく間違ったアプローチなのである。通常、行為と報酬の間には時差があるものだ。あなたが良い仕事を成し遂げたとしても、報酬は必ずしも与えられるとは限らない。受け入れられ、認められるというのは、確率論的にしか起こらず、自分がコントロールできるものを超えて、たくさんの要素に依存することなのだ。もしも努力する過程こそを自分の幸福の第一の源にできたなら、あなたは人生の最も重要な課題に成功したことになる。

だから、誰も聴いていないときにも、音楽を奏《かな》でよう。誰も見ていないときに、絵を描こう。誰も読む人がいない、短い物語を書こう。あなたの人生は溢れんばかりの内なる喜びと満足に満たされるだろう。もしもそうすることに成功したなら、あなたは「〈今ここ〉にいる」達人になるのである。

第六章　〈生きがい〉と持続可能性

日本では〈生きがい〉という概念は、いつも控えめで、自己抑制的であることを意味して、他者との調和が第一に重んじられてきた。また、経済格差による社会的不和が広まりつつある世界の中で、日本は経済的に成功していた時期はあったにせよ、これまでずっと控えめな国であり続けてきた。大多数の日本人は、長い間、自分のことを中流階級に属するものと考えてきた。近年、日本は経済成長にブレーキがかかり、高齢化もあって、経済格差が広がっているように見え、実際いくつかの指数はその認識が正しいことを示している。しかしながら、大金持ちによる派手な浪費、有名人による過剰に豪華な振る舞いというものは、日本では比較的希《まれ》である。少なくともあまり目にすることはない。セレブ文化というものに関しては、日本は抑制的なのである。ここにはジャスティン・ビーバーもいなければ、パリス・ヒルトンもいない。もちろん、もっと小さなスケールでは、有名人と呼ばれる人たちはいるのであるが。

個人の欲望や野望を抑制することには、好ましくない副作用があるのかもしれない。グーグルや、フェイスブック（現・メタ）、アップルといった会社が世界的な成功を収めているのに比べて、近年、日本のスタートアップ企業の世界に与えるインパクトは、比較的小さい。多分、日本人の思い描く「成功」だとか「華やかさ」の幅は小さすぎて、世界規模で変化を起こす真のゲーム・チェンジャーになりきれないのだろう。

しかし、このように、個人の自由や成功について抑制的に振る舞うこと、万事控えめで自制的であることは、実は、日本人の最もユニークで価値ある側面——「持続可能性」と密接につながっている。個人の欲望を大々的に追求することは、社会や環境全体の持続可能性と往々にして釣り合わない。なんといっても強靭《きょうじん》で健康な社会や環境がなければ、自分の目的を追求することはできないし、自分の野望の達成を目指すことはできないのだ。

この本の最初の方で見たように、個人のレベルでは、〈生きがい〉はあなたが生き続けていくモチベーション、あなたが毎日目を覚まし、日々の仕事を始めるモチベーションを作り出している。ただし、日本文化というレベルでは、〈生きがい〉は、それなしではやがて立ちゆかなくなる環境との調和、そして周りの人々、社会全体との調和にとても関係するものになる。〈生きがい〉の三本目の柱「持続可能にするために調和する」というのは、おそらく日本人の考え方において最も重要で、日本独自に発達した精神性なのである。

日本人の自然との関係性を見てみよう。日本人は、個人の欲望の抑制を、奥床しさや渋さ、また「足るを知る」というような一つの美の形に高めてきた。日本の観念論の中では、控えめな美「わび・さび」ということがよく言われる。滑らかで、なんら装飾のない寿司屋《すしや》のカウンターの木が、その典型的な例である。風呂《ふろ》に使われている、香りよいヒノキの木もまた一例で、それに柚《ゆず》の皮を数片いれた風呂など、天国とでも言うべきものになる。そのような風呂にする理由は、清潔を保つためだけではなくて、リラックスするためだ。また、自然の中、屋外で湯に浸かることは、極めて一般的なことで、そのような露天風呂を含む「温泉」の文化は、今や世界中の人が知るところとなってきている。都市部では、建物の内装に贅沢感《ぜいたくかん》を与えて、かつ快適にするために、室内に自然を取り込むことがよくある。例えば、銭湯（公衆浴場）の壁に富士山が描かれているのを見たことがないだろうか？——これは日本ではとても一般的な芸術的仕かけなのである。

森林浴や山登りは、日本ではよくある趣味である。これは日本人の自然に対する敬意や愛情を示している。日本の庭のデザインは、季節によって違う風景が見られるように工夫され、美的な喜びをもたらすように作られている。

日本は持続可能性の国である。この「持続可能性」は、人間と自然との関係だけでなく、社会的文脈の中でどう個人が活動するか、ということでも同じである。日本では、他者に対して適切な配慮をすることが重んじられ、自分の行為が社会全体にどんなインパクトを与えるのかということについて、注意深くなければならない。理想的には、すべての社会的活動が持続可能であるべきだ。刹那《せつな》的な欲求を一時的に満たすような派手な方法ではなく、控えめだが持続的な方法で何かを追求するというのが日本の精神である。結果として、日本で何かが真剣に始められたら、それは「まさに」長い間続けられることになる。

日本の天皇家は、世界で最も長く続いてきた王室である。二〇一九年五月一日に即位した今上天皇は、第百二十六代である。多くの文化的組織もまた、数世紀に亘《わた》って引き継がれてきた。能、歌舞伎《かぶき》などの舞台芸術は、何世代にも亘って受け継がれてきたものだ。しかし日本にはその他にも文化的、経済的に伝統の火を引き継いできたたくさんの古い家がある。

「家業」という言葉は、日本では歴史的な重要性を負って、重い意味合いで捉《とら》えられる。多くの家が、何世紀という間、ある特定の文化、経済活動に携わってきたことで知られている。京都の池坊《いけのぼう》家は、遅くとも一四六二年から、「生け花」という芸術に身を捧《ささ》げてきた。これもまた京都の千《せん》家は、創始者千利休が一五九一年に亡《な》くなって以来、四百年以上も茶道という文化を守り続けてきた。今、千家は三つあり、日本内外で茶道の稽古《けいこ》に励む何万もの門人を抱えている。虎屋《とらや》、すなわち黒川家がやっている伝統的な和菓子屋は、約五百年営業を続けてきた。そして、三人の宮大工によって五七八年に始められた金剛組《こんごうぐみ》は、社寺の建築、修理を専門としていて、現在でも操業しているものとして、世界で最も古い会社である。

*

日本文化は、持続可能にするためのエンジンとして、〈生きがい〉を実行している組織やミーム（文化的遺伝子）であふれている。日本人が〈生きがい〉をどう見ているかを理解するためには、日本式の「持続可能性」を解剖して構造を理解する必要がある。それは、伊勢神宮を見ると、はっきりする。

三重県の、五千五百ヘクタールを超えて広がる深く巨大な森の中に、日本固有の宗教「神道《しんとう》」の最も重要な施設である伊勢神宮はある。伊勢神宮は、日本の神社の中で最も神聖なものだと見なされており、内宮《ないくう》は太陽の女神、天照大御神《あまてらすおおみかみ》を祀《まつ》っている。日本の神話の中では、皇族は天照大御神の子孫とされている。伊勢神宮は、それゆえに、日本の皇室と深い関係を持ってきた。戦後、この神宮の祭主は、皇族出身の女性が担《にな》ってきた。とても重要な場所だからこそ、二〇一六年に伊勢志摩で開催されたG7サミットに出席した世界的指導者はここを訪れた。

伊勢神宮は、神聖な鏡を蔵していると信じられている。「八咫鏡《やたのかがみ》」と言って、剣（「草薙剣《くさなぎのつるぎ》」）と玉（「八尺瓊勾玉《やさかにのまがたま》」）と共に皇室に伝わる三種の神器のうちの一つである。「勾玉」というのは、日本に固有の宝石である。翡翠《ひすい》などで作られ、人間の胎児に似た形をとっている。新しい天皇が即位するときに、三種の神器は、皇室の威厳、権威のシンボルとして譲り渡されることになっている。しかし、三種の神器が本当に実在するかどうかは、確かめられたことがない。誰も（継承者である天皇でさえも）実際にこれらの品を目にしたことがないのである。

現代日本人の宗教的態度は、世俗的だ。多くの日本人が伊勢神宮に参拝するが、それは神道の教義の信者としてでは必ずしもない。さらに言えば、もしかしたらここを訪れる人は神道の信仰体系について何一つ知らないかもしれない。ほとんどの日本人は伊勢神宮を訪れることを、文化的な経験の一つと考えている。そもそも神道自体が厳密な規則、規律をもった宗教ではない。宗教的文脈がどうであれ、深い森の静けさや、伊勢神宮の建物にある穏やかな美しさは、人間と自然の関係性についての現代的な考え方と共鳴し、人にインスピレーションを与えるのである。

伊勢神宮の最も顕著な側面の一つであり、おそらく〈生きがい〉を探求する我々に最も関係することは、この神宮が周期的に建て直されている、ということである。伊勢神宮は内宮と外宮《げくう》という二つから成っているのだが、そのそれぞれの社殿に、交代のための場所が用意されている。二十年ごとに、神宮の社殿は注意深く解体され、全く同じ構造の新しい社殿が、新たに入手された木材を使って、新しい場所に建てられる。現在の社殿は二〇一三年からである。次の遷宮《せんぐう》は二〇三三年に行われることになっている。記録によれば、二十年ごとというこの遷宮の過程は、戦争や社会的混乱により多少変則的になることはあったものの、過去千三百年間続けられてきた。

社殿を前のものと全く同じように造り替える、ということを続けていくためには、数々の事項が注意深く考えられ準備されなければならない。例えば、ヒノキは社殿の木材として使えるように、何十年も前から育てられていなければならない。伊勢神宮は木曾《きそ》をはじめとする日本各地で、ヒノキの樹木を確保している。伊勢神宮に使われるある種の木材には、あるサイズ以上のものが必要で、それは二百年という樹齢を超えるヒノキでなくては適《かな》わないのだ。

伊勢神宮に必要な大工技術にも、特別なものがある。例えば、社殿建築に携わる、技術の高い宮大工の養成、援助が、伊勢神宮を持続可能にするためには欠かせない。神宮を二十年ごとに遷宮するということ自体、社殿建築の大工技術と経験を世代から世代へ受け継いでいくために考案されたのだという説もある。

伊勢神宮は、日本中の何万という神社の頂点である。現在では、おおよそ百人の神職と五百人の一般職が伊勢神宮の運営を支えている。それから、大工、職人、商人、林業従事者など、間接的に神宮を支える人々がいる。規模はより小さく、外観はより控えめになるが、各地の神社は近所の人々によって敬われ、維持されている。これらの人々の組織化と調和（聖徳太子の言うところの「和」である）もまた、「持続可能性」という尊ぶべき伝統の一側面である。

伊勢神宮の形を思い描き、設計したのは疑いなく天才的な人物だ。その建築は、非常に精巧で、美しい。有名な歌僧、西行（一一一八〜一一九〇）は、伊勢神宮を訪れて、次の和歌を詠《よ》んだ。「何事のおはしますかは知らねどもかたじけなさに涙こぼるる」。

着想と設計は一つのものだ。しかし、何百年という年月に亘り、もともとの形を維持していくということはまた別の話である。時代は常に変わっている。為政者は新しくなっては消えていく。異なる能力と個性を持った様々な人々が、その運営に関わっていき続けるわけだ。伊勢神宮が千年以上もの間、もとのままの状態を保ち続けているのは、奇跡としか言いようがない。

重要なのは、伊勢神宮を維持するにあたって、その運営を支える優秀なスタッフがいるという幸運のみに依存するわけにはいかないということだ。確かに神宮のスタッフは、その信頼性と、創意工夫の能力という点で、定評のある人々だ。私は個人的に、そのうちの何人かと知り合いになることができたのだが、彼らは本当にお手本のような人々で、働きぶりは誠実、しかも才能に溢《あふ》れている。しかしながら、持続可能性という意味においては、それがポイントではないのである。運営を続けさせる、確かなメカニズムを持ち合わせていなければ、伊勢神宮は、千年以上もの間維持され続けることはなかった。

スティーブ・ジョブズの死の後に、アップルが千年間操業し続けることを想像すれば、どんなにその課題が難しいかがわかるだろう。同様に、インターネットは確かに世界を変えてきたが、次の数百年間と言わずとも、次の十年間、それが持続可能かどうかは誰にもわからない。ハッカーや、詐欺師《さぎし》、トロール（場荒らし）、情報の洪水。インターネットについての懸念《けねん》事項を挙げればきりがない。ソーシャル・メディアにおけるフェイク・ニュースの急増は、民主主義体制を危険にさらしている。それに加えて、人々の注意を誘い、人々の持てる時間を奪うための競争がどんどん野蛮になっていることも悩みの種である。例えば、フェイスブック、ツイッター、スナップ・チャット、インスタグラムといった様々なインターネット・サービスによって、どれだけ我々の活動時間がぶつ切りにされ、集中力が削《そ》がれているか、誰もが気づいているはずである。

このようなイノベーションにますますとりつかれた世界の中で、どうすれば、人は、自分の特性を活《い》かした〈生きがい〉を通してこそ、人生を持続可能にできるのだと気づくのだろうか？　伊勢神宮の素晴らしい実績は、持続可能性に気づくためのモデルとして、研究されるべきである。明らかに、「調和」は持続可能になるための鍵《かぎ》だ。伊勢神宮のスタッフは、現役の人も、その前任者たちも、長年に亘って非常に優れた仕事をやってきたのにもかかわらず、控えめで謙虚である。これが伊勢神宮を、〈生きがい〉の第三の柱「持続可能にするために調和する」ということの完璧《かんぺき》な例にしているのである。

東京の中心に、もう一つの神宮がある。これはまた別の、独特な持続可能性の例を提供する。「明治神宮」は一九二〇年の建立《こんりゅう》、日本の近代化に関して、中心的な役割を果たした明治天皇（一八五二〜一九一二）を祀ったもので、外国からの観光客に大変人気の場所である。神宮に奉納された日本酒の酒樽《さかだる》がずらりと並べられているところは特に人気で、そのカラフルなコレクションの前で、自撮り写真を撮る人は後を絶たない。本殿の近くに、人々は自分の願いを書いた絵馬をかける。書かれた文字には様々な言語があって、この神宮が国際的な人気を博していることが見てとれる。健康、幸福、勉学や商売での成功など、それぞれの祈りが表されている。

東京の中心に位置しているにもかかわらず、この社殿は、七十ヘクタールを超える深い森の中に埋もれている。社殿に向かいながら森を散歩することが、都民の、そして観光客のお気に入りになっている。その森の落ち着いた環境の中にレストランがあって、お茶や食事をとることもできる。

明治神宮の敷地内には、オオタカが巣を作っている場所がある。オオタカの存在は、東京の中心にあるこの巨大な森がどれだけ豊かであるかを象徴している。その他にも、明治神宮の森では、珍しい種《しゅ》が多く見つかっている。その中を歩けば、あなたは太古の昔からある自然環境の中で呼吸しているような気持ちがするだろう。しかし実際には、この森の起源は人間にあって、特に本多静六《ほんだせいろく》氏、本郷高徳《ほんごうたかのり》氏、上原敬二《うえはらけいじ》氏といった林学者や造園学者が構想し、計画し、実行してできたものなのである。

明治神宮が構想されたばかりのころは、そこは、樹木のない土地だった。この三人の学者はどんな種類の樹木を植えるかを慎重に考え選んでいった。生態系がどんな風に作られていくか、森の植生が時間と共にどう変わっていくかという、自分たちの専門的な知識に基づいて、彼らは、長い歳月ののちに成熟し、安定状態に達するまで、樹林がどう発展していくかを予測して設計した。計画が発表されると、明治天皇をしのび、敬意を払うため、すなわち、その時代の終わりを記念するために、三百六十五種、十二万本の木が日本中の人々から寄せられた。

百年の時が経《た》った今、そこは、人がリラックスでき、瞑想《めいそう》的な時間を過ごせるような穏やかな自然環境になっている。

本多、本郷、上原らが明治神宮の森を作るためにやったことは、確かに独創性溢《あふ》れる仕事だった。しかし、森の保存にはまた別の、しかし同じくらい重要な仕事を要する。明治神宮の森は神聖な領域だと考えられているので、人々は指定された散歩道以外、立ち入ることを許されていない。毎朝、職員が本殿までの道を掃いているのを見ることができる。細心の注意を払って、優雅に落ち葉を取り除いているその光景は、見る人に大きな喜びとインスピレーションとを与える。職員は、落ち葉を処分しているというよりは、木の根元の土のところに注意深く戻しているのだ。それによって貴重な栄養が森に補充されることになる。落ち葉は、菌類によって時間をかけて分解され、土へと戻り、次の世代の植物に貢献するのである。こうした森の保護に対する関心が、森に巣を作るオオタカたちを守ってきたことは間違いない。

伊勢神宮と明治神宮は、その構想の当時としては、確かに、大いなるイノベーションだったと言って良いだろう。それらは持続可能性のモデルでもある。伊勢神宮は、一千年をゆうに超える年月の間、遷宮のサイクルをくり返してきた。明治神宮は、まだ百年くらいしか経っていないが、これからの何百年間、これが現在の状態を保ち続けることは、想像に難くない。

我々の〈生きがい〉は、一般の人々のしている努力を見逃してしまったら、持続可能ではなくなってしまうのだ。日本の哲学では、ありふれていて凡庸に見えるものが、本当に凡庸だとは限らないと言う。日本文化は、最も単純で、地味な仕事によって育《はぐく》まれる。――それがしばしば、完璧と呼ばれるまでの水準に高められていくのである。このような人生哲学がなければ、伊勢神宮の遷宮から、明治神宮の森の構想と維持まで、また、新幹線の運行や、寿司屋の素晴らしい料理まで、多くの物事が持続可能にはならないはずなのだ。

言うまでもなく、トップの数少ない人々だけに重きを置く価値体系は、持続可能ではない。誰かがトップになるためには、誰かが犠牲にならねばならないのだから。グローバルな文脈の中で競争することがますます強要されている今日の世界では、我々は、この競争に勝たねばならないという強迫観念を抱いていることの意味と影響を、よく考える必要がある。勝つことを目指す精神性は、偉大なるイノベーションをもたらすことがある。そして同じ精神性が、個人と社会の両方に、過剰なストレスと不安定性をもたらすことがある。

問題は、勝者と敗者、リーダーとフォロワー、上司と部下というヒエラルキーの中で物事を考える性質が人間にあることだ。だからこそ、我々は種としてここまで発展してこられたのだし、だからこそ、いつの日か自分自身で破滅に向かって疾走していくことになるのかもしれない。控えめで抑制された自己表現という文脈で〈生きがい〉を、自分たちを取り巻いている有機的システムに関心を向けながら研究していくことは、持続可能な生き方を見つけるためにとても有効なのではないかと思われる。

このような考え方は、「和」という伝統的な概念と関係があることは明らかだ。自分の欲望や欲求を、環境との調和の中で調整していくことは、不必要な争いを避けることにもなる。別の言葉で言えば、〈生きがい〉は平和をもたらすものなのだ！

持続可能性は、創意工夫と技術を必要とする人生の芸術である。一人の人間は、一つの森に似ている。個人は他者とつながっていて、他者によって成長していく。ある人が長生きしているならば、それは、それだけで偉業である。予測不能な世界の中で、さまざまな浮き沈みを経験してきたはずだからである。結局、人生という長い過程の中では、どうしても躓《つまず》き、転ぶときがある。そのような時でさえ、〈生きがい〉を持っていることはできる。連敗続きの中ですら、〈生きがい〉を持つことは可能である。〈生きがい〉は、ゆりかごから墓場まで、何が起きようとあなたの人生にあるものなのだ。

だから、今静かな森の中にいることを想像してみてほしい。大きく息を吸って。そして考えてみよう。その森を維持するためには一体どんなことがなされているかと。

私は明治神宮の森を訪れるたび、持続可能性を語る美しいつぶやきに耳を傾ける。〈生きがい〉は小さなスケールで行われている、忍耐強く、ごく当たり前の営みであり、同時に遥《はる》か先に目を向けたものなのだ。

第七章　人生の目的を見つける

ここまで見てきたように、〈生きがい〉は人生を持続可能にするものだ。持続可能性で言うと、意外にも日本では、相撲の世界に宝物のような例がたくさん隠れている。

相撲は、古代から続く、日本の伝統的格闘技である。プロの相撲取りが現れたのは、江戸時代の初期、十七世紀だ。

西洋では、二人の裸の男が、おかしな髪型をして、ウエストに奇妙なベルトを巻いて、押し合いへし合いするものだというような、相撲についての（誤った）イメージが広まっている。そのイメージは、多くの場合滑稽《こっけい》で、（おそらく）多少は軽蔑的意味合いがあると思われる。しかし、この古代からの運動競技にはもちろん、それ以上の深みがあるのである。そうでなければ、知的で洗練された人々が、相撲観戦に夢中になるはずがない。まして自分が相撲取りとして、全人生を捧《ささ》げることなどありえないはずだ。

幸運なことに、相撲は国際的にますます人気が出てきて、相撲観戦のために海外から訪れる人の数が増えるとともに、相撲の機微が、徐々にさまざまな国の人々に理解され始めている。

大相撲は、年六回行われる。そのうちの三回は東京の両国国技館で、その他の三回は、大阪、名古屋、福岡で一度ずつ行われる。大相撲の一場所は、日曜日から始まり、日曜日に終わる決まりで、十五日間続く。相撲取りには、「横綱」を頂点に頂いた厳密な格づけシステムがある。すべての相撲取りが夢見、目指すのは、その階段を登り詰めることだ。言うまでもなく、「横綱」になれるのはほんの一握りである。記録に残っている限りの初期の「横綱」には、一七六九年から相撲取りとして活躍していた、谷風《たにかぜ》がいた。谷風は、九十四・九パーセントという驚くべき勝率で、雷電《らいでん》の九十六・二パーセント、梅《うめ》ヶ谷《たに》の九十五・一パーセントに続いている（そう、日本人は、こんな昔でさえも、相撲の取組について詳細な記録をとっていたのだ）。谷風は、一七九五年まで活躍し、彼の驚くべき記録を止めたのは、流行感冒による突然の死だった。

多くの人が、谷風を相撲の歴史の中で最も偉大な横綱の一人と見なしている。おおよそ三百年という期間で、七十三人が横綱となった。二〇二二年現在、現役で活躍しているのは一人である。一九九三年には、うアメリカのハワイから来た曙《あけぼの》という力士が、初めての海外生まれの横綱となった。彼は歴史上第六十四代横綱である。曙の偉業が草分けとなって、彼以降、海外からの横綱が六人出ている。この中には、偉大な白鵬《はくほう》がいる。彼はモンゴルからやって来て、幕内優勝の最多記録を打ち立てている。

相撲取りのヒエラルキーには六つの階層がある。上位二つの階層に属する力士は、「関取《せきとり》」と呼ばれる。おおよそ十人の力士の内で、たった一人しか関取になることはできない。常時、大体七百人の相撲取りがいて、その中に七十人の関取がいるわけである。

関取とそれ以下の力士との間では、まったく世界が違ってしまう。下位層の力士は、格闘者として戦うだけでなく、上位の力士、すなわち関取たちの付け人を務めなくてはならない。この付け人が、関取の着物や持ち物を運び、関取は手ぶらで闊歩《かっぽ》する。土俵の外で関取が着物で与える印象は、「粋《いき》」。彼は、なんでも苦労なくできてしまう、風流人に見えなければならない。関取が汗をかいて重い荷物を運んでいるなんてあってはならない。だから若い相撲取りが、他にもさまざまな仕事をやる中で、彼らの重い荷物を担《かつ》ぐのだ。また、関取は自分にふさわしい着物を着るのだが、下位二層の力士は、「浴衣《ゆかた》」を着ることしか許されない。このような構造になっていたら、すべての力士が関取になることを切望するのは当然である。

相撲取りが、格上げになったり、格下げになったりするのは、本場所の成績による。もしも勝ち越せば、格上げになる。負け越せば、格下げになる。相撲界の計算はこれほど単純だ。古典的ゼロサムゲームである。ある力士の勝ちが増えれば、他の力士が得られる勝ちは少なくなる。相撲は、誰かの成功と昇格が、直接的に、他の人の失敗と降格に変わるところなのである。相撲の世界は過密だ。だから自分が昇進するためには、他の力士を文字通りリング（土俵）の外へ押し出さなければならないのである。

下位層に留まっていると、得られる経済的な報酬は最低限である。食べ物、寝る場所は、「相撲部屋」にいる限り、保障される。しかし、「相撲部屋」では、関取以外の力士は大部屋で一緒に眠るのが普通である。「非」関取の生活は年齢と共に苛酷《かこく》になっていくので、結婚したり、家族を養ったりということは、論外である。相撲取りとしての成功は、日本人が夢見る最も甘いものの一つだが、問題は、その夢がかなりの確率で失敗に終わることだ。もっと正確に言うならば、十人のうち九人は失敗する。

荒汐《あらしお》部屋は、相撲取りの人生の選択肢に関して、ウェブサイトに特別な情報を載せている。たんたんと十人に一人しか関取にはなれないという事実をドライに述べた上で、相撲取りとして五年間稽古を積んだ人を仮定して、こんな三つの選択肢があるという。

(1) まだまだ現役を続け、さらに相撲道を極めて行きたい
(2) 一定の満足感はあるが、相撲は続けたい、しかし次の人生も考えたい
(3) 十分にやり遂げたので、引退して就職等、これからの準備にとりかかりたい

ここで(1)を選んだ弟子には、五年勤続を表彰し、引き続き相撲道への精進をしてもらいます。
(2)を選んだ弟子には、一年間の考慮期間を設け、相撲界以外での活躍の場を部屋とともに考えていきます。その上で一年以内に、上記(1)か(3)を選択してもらいます。
(3)を選んだ弟子は、五年勤続表彰のうえで、引退とします。

このウェブサイトは、その後で、こう記している。「修行を五年間やり遂げた弟子には、(中略）人格・社会的価値を備えた人材として、何としても大きくはばたいてもらいたい、そうして五年間の修行の成果を社会に恩返ししてもらえれば、と願って

おります」。

相撲取りは、彼らを伝統的に支えてきた人々（この集団は「谷町《たにまち》」と呼ばれる。明治期に裕福な支援者がいた大阪の町にちなんだ名前である）に助けられ、第二の人生をそれぞれに進んでいくことが見込まれている。例えば、引退した力士は、「ちゃんこ」（部屋で相撲取りが体作りのために食べる料理をこう呼ぶ）を提供するレストランを開くことがよくある。特に有名なのは『ちゃんこ鍋《なべ》』である。これは、さまざまに栄養に富んだものが、味わい深いスープで煮られている。俗に信じられているように、「ちゃんこ」をちょっと食べるくらいで肥満になったりはしない。元相撲取りの多くは、東京内外で「ちゃんこ屋」を開いており、ある程度、成功をおさめている。谷町が、通例、その商売を始めるための資本金を出していて、また、その店の常連客として通い詰めている。しかし「ちゃんこ屋」の他にも、相撲部屋の苦労の多い稽古に耐えた人ならば、十分に別の分野で成功することができるはずだからこそ、引退した力士には多様な仕事が提供されている。相撲部屋を出た人がついた仕事の例としては、カイロプラクティック治療師、建設業、ホテルの支配人、スポーツインストラクター、そして飛行機のパイロットになった人もいる。

それゆえに、経済面で言うと、相撲の夢をあきらめて、より収入が多くなる可能性のある第二の人生を選ぶというのは意味のあることである。家族を持つ可能性もでてくるわけだ。しかしながら、関取になれない多くの相撲取りが、最低限の収入で生活をしながら、更には付け人としての過酷な日課をこなしながら、そのまま相撲を続ける。

二〇二二年一月場所、最年長の相撲取り華吹《はなかぜ》（五十一歳）が引退した。華吹は、身長は百八十センチ、体重は約百十五キロ。三十年以上も相撲取りを続け、本場所は二百十四場所戦った。成績は悲惨というわけではないが、二流と言わざるを得なかった（六百八十三勝、七百八十八敗）。華吹の過去最高位は、関取の二階層下（三段目）である。華吹は下から二番目の階層（序二段）と三段目を何度も行き来したがついに引退。昭和時代に入門した力士はこれでいなくなった。一度も関取になれなかったが、日本のような年齢意識の強い国で、かつ、加齢と共に急速に成功の確率が下がるこのスポーツで、華吹がこの年齢まで続けてきたのは、勇気あることだと評価されている。

華吹はそういう意味では、一つの比較的名誉な結果を残している。しかし、勝南《しょうなん》桜《ざくら》（元服部桜《はっとりざくら》）はそんな幸運にありつけなかった。勝南桜は、現在二十三歳。身長約百八十センチ、体重約八十六キロ。本場所は三十六場所戦って、三勝二百三十八敗八休という成績だ。勝南桜はプロの相撲取りとして、百四連敗など最長連敗記録を持つ。

彼は、ある取組で、強烈な張り手をくらわすことで有名な錦城《きんじょう》（後に千代大豪と改名）と対戦した。彼は錦城をあまりにも恐れすぎて、故意につまずき、土俵に倒れた（もちろんこれは相撲では違反行為となる動きである）ように見え、それで一躍メディアで注目を集めることになったのだった。勝南桜はとても幼く、素人《しろうと》のように見えるが、プロの相撲取りである、という事実が、人々の想像力を刺激した。勝南桜は一夜にして逆説的スターとなった。彼は、ここに述べたような気の毒な成績であるから、言うまでもなく、最下層から上がったことはない。

勝南桜がどのくらいプロの相撲取りを続けられるか（続けたいのか）ということは、誰もが抱く疑問だったが、二〇一五年九月に初土俵を踏んでから六年、二〇二一年九月場所を最後に引退した。勝南桜も華吹のように、三十年以上続ける可能性もあったのだが。相撲界には、成績の如何《いかん》でやめる決まりがない。それがどんなに貧弱な成績であってもだ。たとえ昇格の望みが全くなくても、この世界に残りたいかどうかを決めるのは、それぞれの力士に任されている。

なぜ華吹や勝南桜のような相撲取りは、成績が振るわないのにもかかわらず続けてきたのだろうか？　なぜ彼らは、彼らに冷たいこのスポーツの世界にいることを選んだのだろうか？　別の言葉で言うなら、成績の悪い力士の〈生きがい〉は何なのだろうか？　相撲ファンの一人として、私には答えがある。少なくともこれについて考えているとがある。それは、相撲の魔法のせいなのだ。あなたも本場所中の国技館に一度でも足を踏み入れたことがあるなら、その魔法が理解できることだろう。あなたも一度相撲の世界にはまったら、そんなに簡単にはそこから出たいと思わないだろう。少々個人的な犠牲を払っても、この不思議な王国内に留まろうとすることを理解できるだろう。

相撲は、一方では、全身と全身とでぶつかる、真剣なスポーツである。極限まで自分自身を鍛える必要がある。恐れを克服し、敵にフルスピードでぶつかっていかなければならない。――これは若き勝南桜が学ぶべきことだった。他方で、相撲は、文化的な伝統に満ち溢《あふ》れている。国技館に初めて行った人は、相撲の取組が始まるまでになされる、準備の複雑さと豊かさに驚くものだ。取組自体は、平均して十秒くらいで決着し、めったに一分を超えることはない。だから国技館で過ごす時間の大半は、準備にかかる時間である。その間あなたは、力士の動作の微妙な趣きだったり、「行司《ぎょうじ》」と呼ばれる審判の威厳のある動きだったり、「呼び出し」と呼ばれる案内人が儀式として相撲取りの四股名《しこな》を呼んで、土俵に上げる、その声や身振りだったりを楽しむことになる。肉と肉、骨と骨とのガチンコの衝突と、ゆるゆると行われる儀式のエレガントさ、このコンビネーションが人を酔わせているのである。

聡《さと》ノ富士《ふじ》は、これを書いている時点で四十四歳、力士として特筆すべき成績を収めたとは言えないが、尊重すべき経歴を持っている。彼は本場所を百五十五場所経験し、五百十九勝五百四十敗十九休である。身長百七十センチ、体重約百九キロで、相撲取りとしては小柄である。聡ノ富士の過去の最高位は、関取のすぐ下の階層（幕下）だが、そこには一場所しか留まれなかった。振るわない成績にもかかわらず、相撲好きなら誰でも聡ノ富士の名前と、小柄ながらよく鍛えられている上半身を知っている。それは、聡ノ富士が、本場所中、毎日すべての戦いが終わった後に行われる、弓取り式（弓をくるくる回す儀式）を長く執り行っていたからなのだ。

相撲の伝統の中では、この弓を回す儀式は、横綱と同じ部屋の幕下の相撲取りによって行われることになっている。聡ノ富士は、伊勢《いせ》ケ濱《はま》部屋の力士で、第七十代横綱、モンゴル出身の日馬富士《はるまふじ》と同部屋だった。最後の相撲の勝者の名前が呼び上げられた後（当然横綱の名前になることが多いのだが）、観客は、そのまま席にいるように促され、弓取り式を観《み》ることになる。聡ノ富士は長さ約二メートルの弓を持ち上げ、信じられないほどのスピードと正確さで振り回し、観客を沸かせた。それが終わると、聡ノ富士は蹲踞《そんきょ》の姿勢をとって土俵を降り、これでその日の国技館の興行は終わりとなった。聡ノ富士が弓取り式を行うのを観ていると、これが彼の一番の〈生きがい〉なのではないかと思われた。

相撲界には、あるジンクスがある。——弓取り式を行う相撲取りは関取にはなれない、というのである。この呪《のろ》いは、これまでのところほんの一握りの力士にしか破られていない。

しかしながら、聡ノ富士の弓回しの巧妙さ、優美さを愛する人にとっては、彼の相撲の成績などどうでもよかったのである。聡ノ富士は相撲界で一つのニッチ、すなわち、喜びとプライドを持って果たせる役割、相撲という豊かな伝統の中で自分の生きられる確かな領域、を見つけたのだと言える。そして聡ノ富士が、弓を回すことに個人的な喜び、満足を見出《みいだ》したというのは、結びの一番に勝った相撲取りが感謝を込めて舞ったことが起源と言われているこの儀式にはぴったりだ（相撲取りは、大事な取組に勝った後でさえ、自分の喜びを表現することがない。それは負けてがっかりしている対戦相手を尊重するためなのだ）。聡ノ富士は、たとえ昇格の望みが低くとも、相撲取りとして弓取り式を任されていたことは、本当に幸せだったことだろう。

相撲は、適所があれば、たとえ取組で負け続けても、現役のプレーヤーとして存在し続けられる、一つの生態系なのである。華吹、勝南桜、聡ノ富士はみんな無名の英雄だ。たとえ彼らの成績が関取に昇進するには十分でないとしても、彼らは自分自身をそれぞれに誇りに思う理由を持っている。

相撲は、〈生きがい〉の多様性、人生に与える強靭性《きょうじんせい》について、刺激的な例を提供する。勝ち負けのルールが極端に厳しく決まっている世界の中で、どうすれば自分自身の〈生きがい〉を見出すことができるか、という物語を伝える。人間の活動の多くの領域では、その人の能力を測るための価値体系があいまいで、たくさんの解釈の余地があるから、人は誇大妄想的になることがあって、「自分は問題なくやれている」と思い込むことがある。相撲取りはこの種のあいまいさや妄想を楽しむことは許されていない。しかしながら、それは、力士が〈生きがい〉を持つことの妨げとはならないのだ。

相撲取りであることの〈生きがい〉は、たくさんの物事によっている。実際、〈生きがい〉の五本柱がすべて、茶道と同じように、相撲には関わっている。「小さく始める」とは、相撲取りの稽古が、土俵上での特殊な足の運び方（すり足）を学ぶなど本当に細かな身体《からだ》作りから始まることを意味する。「自分を解放する」ことは、関取の付け人として、自分が尊敬し仕える人物の必要と欲求とに応《こた》えなければならないときには、必須《ひっす》である。「持続可能にするために調和する」ことは、その豊かな生態系を維持するために、たくさんの儀式や習慣を守ってきた、伝統的スポーツである相撲の本質である。「小さな喜びを持つ」ことは、「ちゃんこ」の味から、ファンの声援まで、相撲界には豊富にある。そして、多くの力士が、「〈今ここ〉にいる」ことが、相撲の鍛錬と実際の取組において、絶対に必要であると証言している。現在に没入することによってのみ、最高の能力を発揮するための心の状態を保つ望みが出てくるのである。

これら〈生きがい〉の柱がうまくつながり合うことで、相撲に勝つことにはそんなに成功していなくても、いや、まったく成功していなくても、相撲取りは人生を続けていくことができる。このスポーツ自体は情け容赦なく、過酷なものだが、相撲界の中の〈生きがい〉は、とても民主的なのである。

私はここで、相撲だけがすべての人に民主的に〈生きがい〉を与えると言っているのではない。同様の民主的な〈生きがい〉構造は、例えば、クラシック・バレエの世界でも見つけることができる。

あるラジオ番組のホストをしている私は、一度、フランスのバレエ・ダンサーで、パリ・オペラ座のエトワール（最高位ダンサー）を二十三年間務めていた、マニュエル・ルグリにインタビューする機会を得た。ルグリが『ライモンダ』の主役ジャン・

ド・ブリエンヌを演じたことがきっかけで、伝説のバレエ・ダンサーであるルドルフ・ヌレエフによって、彼は二十一歳の若さでエトワールに推挙されたのだった。それから、ルグリは、パリ、シュトゥットガルト、ウィーン、ニューヨーク、東京といった都市でさまざまな役を演じた。彼は今、ミラノ・スカラ座のバレエ監督になっている。

インタビューでルグリは、能力が非常に高いのに、ソリストとしてでなく集団として舞台で踊るダンサー、すなわち「コール・ド・バレエ」の役割を話した。パリ・オペラ座のような一流のバレエ団では、主演ダンサーになることはもちろん、「コール・ド・バレエ」に選ばれることも極端に難しい。ルグリは、強い確信を持ってこう言った。「コール・ド・バレエこそ、舞台に情景というものを作り出すのであって、とても重要な役割なのだ。実際、後列のダンサーこそ、非常に高度な技術を要する最も重要な役割を担《にな》っている」。ルグリはそれからこうつけ加えた。「すべての主演ダンサーは、自分のキャリアのどこかの段階で、コール・ド・バレエの一員になっているはずだから、自然とコール・ド・バレエのメンバーに共感を抱くのだ」。

「コール・ド・バレエ」のダンサーによって演じられる役は、芸術的には重要なのだが、この人たちは必ずしも良い報酬を得られるわけではない。二〇一一年のニューヨーク・タイムズの記事はこう伝えている。「シカゴを本拠地とするジョフリー・バレエと、ボストン・バレエがダンサーに支払う給料は、三十八週間続くシーズンの間、それぞれ週に平均八百二十六ドル、千二百四ドルである。ヒューストン・バレエがダンサーに支払うのは、四十四週間のシーズンで、週に千三十六ドル」。日本円にして週約十万円というのは、かなりのものではあるけれど、主演ダンサーが受け取る報酬とは比べものにならない。それゆえに、給料に関しては、バレエ・ダンサーの世界にも、相撲取りと同じような、キャリア構造とそれへの挑戦があるだろう。

人生ではしばしば、自分に与えられたものを受け入れた上で、状況に対処しなければならないことがある。生物学的に言うならば、ある環境の中で、いや、どんな環境の中でも、〈生きがい〉を見つけることは一つの適応の形だと見なされる。特に精神の健康を得るためには重要だ。与えられた環境がどんな環境であっても、また、そこでのあなたの成績がどんなものであっても、原理的には、そこで生きる理由、すなわち〈生きがい〉を見つけることは可能である。

勝者だけが〈生きがい〉を持っているわけではない。みんなが協調して踊っている「人生」という現場では、勝者でも敗者でも、全く対等に〈生きがい〉を持つことができる。〈生きがい〉を持つ人の内側に入って眺めてみれば、勝者と敗者の境目は徐々に消えていく。究極的には、勝者と敗者の間に差異はなにもない。ただ人間であるというだけだ。

日本人の心の中では、通常は負けた人のために、人生の応援歌が歌われる。少なくとも、さまざまな境遇のごく普通の人のために歌われている。あなたは、〈生きがい〉を持つためにトップ選手になる必要はない。実際、〈生きがい〉は、競争社会のヒエラルキーのどの階層でも見つかる。〈生きがい〉は、それに目をつけた人すべてに渡される、万人のための精神的必需品なのである。

〈生きがい〉を持つためには、固定観念を捨てて、自分の内なる声に耳を傾ける必要がある。たとえ、自分の暮らす国の政治体制が完璧《かんぺき》とはほど遠いものであったとしても、自分自身の〈生きがい〉を見つけることはできるようだ。

北朝鮮という「隠者の王国」では、「マスゲーム」が大事な取り組みとされている。これはもともとドイツで考案され、その後日本で学校の体育の授業に取り入れられて発展した。今日では、高度に洗練されたものが、北朝鮮で定期的に大々的に演じられている。

イギリスの映画監督ダニエル・ゴードンによる、ドキュメンタリー映画「ヒョンスンの放課後（A State of Mind）」（二〇〇四）は、二〇〇三年の平壌《ピョンヤン》で行われたマスゲームに参加するまでの、北朝鮮の二人の若き女性体操選手とその家族の経験を追っている。この国ではこのような催しが一九四六年から行われてきた。八万人に及ぶ体操選手が、広大なスペースに広がって演技をする。連携プレーで、この人たちは世界で最も大きな「動く絵」を作りあげる。

「マスゲーム」は個人の欲望を、集団の必要性に従わせることで完成する。参加者は、最低でも一日に二時間ほど集まって、長い期間練習して、集団精神を育んでいく。マスゲームの光景は、「心をなくした集団主義」という印象を与えるかもしれないが、その参加者は、言うまでもなく、自分自身の欲望と夢を持った個人である。

「ヒョンスンの放課後」の中で、そのマスゲームに打ち込んでいる若い女性体操選手の一人が、「将軍」（先代の金正日《キムジョンイル》、すなわち北朝鮮政府を樹立した金日成《キムイルソン》の息子で、現在の「隠者の王国」の最高指導者金正恩《キムジョンウン》の父である）の前で演じたときの興奮を思い出すシーンがある。彼女の喜びと願望は、その国の社会的文脈に埋め込まれてしまっているにもかかわらず、極めて個人的である。

「ヒョンスンの放課後」を見ていると、マスゲームで演じること自体は、集団的で機械的かもしれないが、演者が参加している間に感じる欲望や喜びは、とても情熱的で、個人的であることに気づく。ここに、個人と社会との関係の大きなパラドックスがあるのだが、〈生きがい〉という観点から見てみると、それを溶解することができるのだ。

確かに、全体主義の国家に生きていても、〈生きがい〉を持つことは可能である。自由が限られた国にいてさえ、個人的に〈生きがい〉の感覚を持つことができる。どんな時代にいるか、どんな環境にあるかによらず、〈生きがい〉は見つかる。人間は、いかなる状況でも〈生きがい〉を見つける臨機応変さを持っている。『城』『審判』で描かれたようなカフカ的世界の中でさえ、主人公は〈生きがい〉を持つことに成功していた。実際、その〈生きがい〉はとてもたくさんあった。この二つの小説の登場人物は、自分たちの自由を表現するために考える機会をほとんど持たなかった。しかしながら、彼らは自分の人生を続けることを可能にする小さな喜びを感じていた。例えば、『城』では、主人公は抑圧的な官僚制度の迷路の中で格闘しながらもなお、愛する人を見つけることに成功している。

芸術作品を見ていくと、次のようなものすら見つかる。核爆弾の投下に成功して、すなわち、それは世界の終わりを意味するのに、皮肉にも、自分の〈生きがい〉を見出している人物だ。アメリカの映画監督スタンリー・キューブリックによる一九六四年の映画、「博士の異常な愛情　または私は如何《いか》にして心配するのを止《や》めて水爆を愛するようになったか（Dr. Strangelove or: How I Learned to Stop Worrying and Love the Bomb）」で、B－52の爆弾投下を指揮するコング少佐は、核爆弾を投下することに夢中になるあまり、自分で飛行機の爆弾倉に入り、配線を直す。爆弾の投下が叶《かな》うとき、コング少佐はロデオで雄牛に乗るカウボーイのように核爆弾に乗り、喜びの叫び声を上げながら、人間の文明を終わりに導いていくのである。

さてさて現実社会に戻ろう。

我々が学んできたことは何か？〈生きがい〉は環境への適応であるということだ。その環境の性質の如何は問わない。相撲から、クラシック・バレエに至るまで、〈生きがい〉を見つける人は、勝ち負けという単純すぎる価値を超えて喜びを見出すことができる。〈生きがい〉を持つことで初めて人生の状況を最も良いものにしていくことができる。

あなたは、小さな物事の中に〈生きがい〉を見つける必要がある。そして小さく始めなければならない。「今ここ」にいることが必要だ。そして最も重要なことだが、〈生きがい〉がないと言って、環境を責めることはできないし、責めるべきではない。結局、あなたの道で、自分の〈生きがい〉が見つけられるかどうかは、あなた次第なのだ。

この意味で、第二次世界大戦の直前に、イギリス政府が作成し、今では大変有名になっている宣伝ポスター、「平静を保ち、普段の生活を続けよ（Keep Calm and Carry On）」は、〈生きがい〉の精神を示していると言えそうだ。

第八章　あなたを殺さぬものがあなたを強くする

〈生きがい〉を持つ利点は、強靭《きょうじん》になり、立ち直る力がつくことである。この二つは、悲劇が起きたときには、非常な支えとなる。特に、世界がますます予測不能で、混沌《こんとん》状態にさえなってきていることを考えると、人生において立ち直る力をつけることは重要だ。

二〇一二年にカリフォルニアのロングビーチで行われたTED会議で、私はスピーチをした。それは、二〇一一年の東日本大震災の地震と津波が、一万五千人以上の命を奪った一年後のことで、日本人の立ち直る力をテーマにしたものだった。

地震が襲ってきた瞬間、私は東京の地下鉄に乗っていた。その揺れは、この国で頻繁に地震に遭遇してきた私にとっても、経験したことがないようなものだった。電車が止まって、家まで長い道のりを歩いて帰った。私はスマートフォンで巨大な津波が東北地方を襲っているのをまったく信じられない気持ちで見ていた。それは恐ろしい体験だった。

私はそのTEDトークに全身全霊を捧《ささ》げた。釜石市《かまいし》を襲った津波の映像を使い、その破壊されてしまった土地の漁師から借りた大漁旗を、勇気と希望のシンボルとして振った。先に述べた通り、日本人の心の立ち直る力について話したかったのである。日本の漁師の間では、こんな言葉がある。「板子《いたご》一枚下は地獄」。ひとたび母なる自然が怒れば、私たちにできることはなにもない。船底の板の下にそんなリスクがあるにもかかわらず、生計を立てるためにベストを尽くそうとして、漁師は海へとこぎ出していく。地震と津波に襲われた地域に住む人々は、こういう精神で立ち直るのだ、ということを私は話した。

日本は自然災害には馴《な》れっこの国だ。長い年月の中で、この国は、次々と大災害に見舞われてきた。あの地震と津波の後の漁師とちょうど同じように、日本の人々は、大災害が起こるごとに、立ち直ろうと並大抵ではない力を発揮してきた。

火山の噴火もまた、この国を破壊する主要因である。一七九二年、雲仙普賢岳《うんぜんふげんだけ》が噴火して溶岩ドームの一つが崩壊し、それが巨大津波を引き起こして一万五千人の命を奪った。富士山の最後の噴火は一七〇七年で、二週間続いた。この噴火による死傷者の記録はないが、火山灰が東京（当時は「江戸」と呼ばれていた）を含む広範な領域に降り、農地に深刻な被害を及ぼした。

一七〇七年は日本の「アンヌス・ホッリビリス（恐怖の年）」だった。富士山の噴火のたった四十九日前には、地震と津波が西日本を襲い、約二万人の死者が出た。その地震と富士山の噴火は、因果関係があった可能性がある。より近代では、一九二三年に東京周辺を襲った関東大震災があって、十万人以上の死者が出た。この地震の経験は、二〇一三年の宮崎駿映画「風立ちぬ（The Wind Rises）」の背景になっている。一九五九年の伊勢湾台風、国際的には「ヴェラ（Typhoon Vera）」という名で知られる台風は、名古屋近辺に大被害をもたらし、五千人以上の死者・行方不明者が出た。

このような自然災害の履歴を見ると、平均的な日本人が、その生涯で一度も自然の容赦ない力にさらされないでいようとしても難しいのである。

自然災害に加えて、人的災害もたくさん起こってきた。日本の家屋は伝統的に木造である。現代の防火技術が広まる前は、建物は簡単に焼け落ちた。結果として、大規模な破壊と多くの犠牲者を出す大きな火事が何度も起こっていた。一六五七年の明暦の大火は「振袖《ふりそで》火事」とも呼ばれ、伝説では、呪《のろ》われた着物が原因とされるが、これは江戸中に広がった。火は強い風にあおられて、三日間燃え続け、江戸市中の六十パーセントを破壊し、十万人の死者を出したとも言われる。将軍が住んでいた江戸城の天守閣は焼け落ちて、一八六七年まで続いた江戸時代の間、再建されることはなかった。

第二次大戦中の東京空襲でも、この都市に大きな被害がもたらされた。特に、一九四五年三月九日の夜から十日の未明、連合軍が「ミーティングハウス作戦」と呼ぶ作戦で、何百というB－29爆撃機が、焼夷《しょうい》性のナパーム子弾を詰めたクラスター爆弾を投下した。結果として、東京の下町が完全に破壊され、十万人以上が死んだ。これは、一九二三年九月一日の関東大震災によってほぼ壊滅状態になってから、二十二年に満たない時間で再び同じ地域に起こったことと考えると特別な悲劇だという他ない。

今日、もしもあなたが東京の下町の混雑した通りに立ったなら、その場所がかつて受けた想像もできないくらいの被害の跡が、全く見あたらないことに驚くだろう。一九四五年の東京大空襲で被害を受けた場所が、今、東京の他の場所と同じように栄え、平和を謳歌《おうか》している。この先もずっとそうであることを祈るばかりである。

日本人はどこから人生を続けていくエネルギーを見つけるのだろうか?

ある人たちは、社会的規範や倫理から、立ち直る力の源とインスピレーションとを得るのかもしれない。教育や財政的保障もまた重要な役割を果たしているし、家族のつながりや、友情もそうである。

日本では、この「立ち直り、また歩き出す」という教訓は、幼い頃に教えられる。集英社から出版されている漫画雑誌「週刊少年ジャンプ」は、発行部数百四十万部を誇る。長年、この世界的ベストセラー週刊漫画雑誌は、作品が伝えるメッセージについて、三つの価値を大事にしてきた。友情、努力、勝利である。これら三つの生きる基本とでもいうべきものは、もともと、小学四年生と五年生へ実施したアンケートによって決められた。日本の子供は、漫画を通して、困難に立ち向かい、友達と協力してそれを克服するというさまざまなパターンが脳に刷り込まれ、その重要な人生の基本を強く意識して育つ。これによって日本の子供たちは、まだとても幼いうちから、明確な〈生きがい〉意識（「週刊少年ジャンプ」で言うところの友情、努力、勝利）を持つことになるのだ。

しかし、この国の立ち直る力については、宗教が根本的役割をずっと担《にな》ってきたのも確かだ。それは世界的に見るとちょっと変わった宗教である。

古来、宗教に対する日本人のアプローチは、「八百万《やおよろず》の神」という考えに集約される。ここで「八百万」というのは、無限を意味する言葉である。日本人は伝統的に、唯一《ゆいいつ》の神の示す唯一の価値を重んじるというより、人生の宗教的な意味や価値には、際限のない源があるという考えを育んできた。

何をすべきか、どう生きるかということについて命じる唯一神と、八百万の神という日本人の考え方の間には、天と地ほどの違いがある。唯一神は、何が善で何が悪かを示し、誰が天国へ行き、誰が地獄へ行くかを決定する。「八百万の神」を信じる神道では、その信仰の作用は、より民主的である。神道は、自然や環境に対して注意深く気を配る、小さな儀式からなっている。キリスト教のように、死後に焦点を当てるというよりは、神道では「今ここ」、すなわち、人間が、今あるがままの世界を作っている要素の一つとして他の物とからみあっている、その様相がより強調される。日本人は、厳格な宗教的教義の制約からは自由で、実際に現世を生き抜くためにはさまざまな要素が必要だと信じており、八百万の神という考えは、そのような哲学の一種のメタファーなのである。

どうして日本がこうなってきたのかについては、外的な影響を認めることも重要である。日本の人生哲学に浸透しているマインドフルネスは、長い間善行に取り組んで自分を何段階にも克服していくという仏教の瞑想《めいそう》の伝統から影響を受けてきた。さらには、〈生きがい〉と、旧約聖書のうちの一つ「コヘレトの言葉」に記述されている価値との間には、驚くべきつながりがある。この書物は、人生は根本的に空《むな》しく、無意味であると見る。しかし、だからこそ、「コヘレトの言葉」は、人生の小さな報酬に喜びを見出すことを薦めている。報酬というのは、ときおり神様から下されるものなのであって、人間は謙虚な気持ちでそれを受け取るべきだと言う。——これが〈生きがい〉の哲学にとても通じるわけである。

また、日本文化には儒教の教えの影響も大きい。特に、世俗的な場面で人がどのように振る舞うべきか、師匠と弟子の関係がどうあるべきか、年上の人に対してどのような尊敬を示すべきか、ということに表れる。禅という日本の伝統の中で強調される点、すなわち、自分が変わることによって、外の世界が変わるという概念は、そのようなさまざまな影響が集約されたものだ。

世界では、すべてがつながっていて、何一つとして孤立してはいないのである。

日本人は、宗教的なもののすべては、世俗の、日常の文脈にある、ということを当たり前と考えている。多くの日本人は、宗教に対するこの一見軽薄なアプローチには、歴史的にどんな背景があるのか気づいてはいないが、「八百万の神」という概念、つまり動物から植物まで、山々から小さな日用品に至るまで、自分たちを取り囲む物すべてに神がいるとするものの見方がその基調を作り出しているのである。

日本の格闘技は、相撲であれ、柔道であれ、礼ではじまり、礼でおわる。既に見たように、相撲取りは勝ったとき、自分の喜びを表だって表現することはない。負けた側への配慮からである。他方、負けた力士は自分の負けをいさぎよく認める。相撲取りや柔道選手は全員、良い敗者と定義できるのである。少なくとも理想上、あるいは表面上はそうである。これは互いの尊重に関することなのだ。これが、より大きな善のために、小さなことを適切にやることによって喜びと満足とを得る、という一例である。

日本人の心の中では、八百万の神に該当するのは、人間だけに限られない。もっと言えば生きているものに限られない。命なき品々でも、我々がそれらにしかるべき敬意を払う限り、人間の役に立ってくれることがある、と考えている。しかしながら、我々が不注意な心ないやり方で扱うなら、それらは恨みを募らせ仕返しをしてくることがある。多くの怪物の特徴を描いた日本の有名な昔の絵巻（「百鬼夜行絵巻」）には、古い日用品（器や、傘や、衣服など）が怪物になって、道を闊歩《かっぽ》する場面がある。当時は、日用品は長年使うと、特に人間が相応の敬意を払わないでそれらを扱っているときには、怪物になることがあると信じられていた。怪物になってしまったこれらの日用品には、「付喪神《つくもがみ》」という名前が与えられている。「九十九神《つくもがみ》」とも表され、九十九（年）というのは長い年月を表象している。つまり、日用品に宿る神がいる。そのような信仰が、今日の日本人の多くの無意識の基調になっている。

日本人の神の概念は、八百万の神で見たように、西洋の神の概念とは異なっている。ある日本人が日用品に神がいると信じていると言ったら、それは、その品に敬意を払う必要があるということを意味しているのであって、全宇宙を創造した神が、その小さな物の中に奇跡的に閉じ込められていると言っているわけではない。

そうした精神的態度は人々の行動に表れる。日用品に神が宿ると信じている人は、そうでない人とは人生に対して違うアプローチを取るだろう。信仰は、さまざまなレベルで日々の行動に表れるのかもしれない。小さな物事に宿る神への信仰を表現する人もいれば、自分の周りの品々を注意深く扱いながら、意識的には必ずしもその中に神がいるとは信じていない人もいるだろう。日本では、空港でグランドハンドリングスタッフや整備士が、出発していく飛行機にお辞儀をし手を振るのを見ることは珍しくない。日本人にとってはごくあたりまえだが、海外からの旅行客には、不思議な気持ちを起こさせる光景で、インスピレーションになることもある。

典型的な日本人の考え方の中では、人生はたくさんの小さな物事のバランスでできている。統一的な教義をもとに決定されるべきものではないのである。宗教に対するこんないい加減な態度に顔をしかめる文化もあるだろうけれども、日本人にとっては、宗教的モチーフをたくさん持っているということは極めて自然なことだ。日本人の考え方からすれば、宗教的テーマは、人生を生きやすくする多様な基盤の一つとなってくれるなら、どんなものでも歓迎である。

厳格な宗教的価値体系とは対照的に、世俗的な価値を重んじるというのが、日本人の生き方の重要な側面である。だからこそ〈生きがい〉が強靭に構築されていくのだ。日本人は、たとえある宗教的組織への献身を示していようとも、他の宗教を排除するまで厳格になることはほとんどない。日本人が元日に神道の神社を訪れ、クリスマスを恋人と祝い、キリスト教的スタイルで結婚式を挙げ、仏教的な葬式に出席する、というのは珍しくない。最近では、多くの日本人にとって、クリスマス、ハロウィン、バレンタインデーというのが、外出や買い物をして楽しむ祝祭になってきている。別の言葉で言えば、日本人はこれら海外からの宗教的伝統を八百万の神の文脈の中に取り込んで同化してしまうのだ。

これまで、このような「柔軟さ」は、「真の」宗教的信仰の欠如だと批判されてきた。しかしながら、現代の世界的情勢に鑑《かんが》みると、異なる宗教的背景を持った人々がときに悲惨な結果を伴うまでにぶつかり合っているわけで、見かけは宗教に不真面目《ふまじめ》な日本人の考え方は賛同を得るのではなかろうか。ありとあらゆる個々の〈生きがい〉を日本式に追求していくことは、今、過激主義が幅を利《き》かせる世界の中で、心の平和を育《はぐく》むことにつながるのではないだろうか。

これは、日本が宗教的対立を完全に免《まぬが》れていると言っているのではない。日本の歴史上にも何度か、とくに世俗的な価値観と対立すると見なされたときには、野蛮なまでの宗教的弾圧があった。例えば、一五七一年、今日「比叡山《ひえいざん》焼き討ち」と呼ばれる一連の出来事の中で、織田信長（第三章で記したように、本能寺で自害する際に、第四の「星の器」を道連れにしたとされる）は、一説では何百という堂塔を焼き落とし、数千人に及ぶ僧と一般人とを虐殺《ぎゃくさつ》した。この残虐な行為によって、その後、日本の世俗的な生き方をさとすように宗教勢力が育つことがなくなったと言う歴史学者もいる。

キリスト教は数々の宣教師によって日本にもたらされた。もっとも著名なのはフランシスコ・ザビエル（一五〇六〜一五五二）で、一五四九年に日本に到着し、最初の宣教師となった。当初、武将らはこの新しくやってきた信仰と文化とを大歓迎した。その異国的な味わいを喜んだのである。領主がキリスト教に改宗するといういくつか目立ったケースもあった。そういった蜜月《みつげつ》の期間が過ぎると、天下を取った豊臣秀吉が、一五八七年と、更に一五九六年に、キリスト教の禁止を宣言した。その禁止令にはたくさんの抜け道があって、何人かの宣教師は日本で活動を続けた。

ある一つの理念に忠実か、さまざまなイデオロギーを持つか、どちらかを選べと言われたら、一般的な日本人は後者を選ぶことだろう。人々の好奇心を抑えるタブーなどほとんどないわけで、これがこの国に海外からもたらされるたくさんの新しい物を吸収させてきたのである。他方、小さな物事のバランスを見るということで、一つの理念に固執することは難しくなってしまった。遠藤周作の傑作小説を原作とした、マーティン・スコセッシ監督の「沈黙―サイレンス―」（二〇一六）では、イエズス会の神父フェレイラが、幕府の役人からの圧力で棄教した後、日本をこうたとえている。――何も確かには根づかない「沼（沼地）」。神父の言葉の趣旨はこうだ。「たとえ、キリスト教が信じられているように見えたとしても、元々のものとは違っていて、日本的に修正され消化されたものなのだ」。八百万の神の土地では、キリスト教の神の概念は、根づくのが困難だ。

「沼」は軽蔑《けいべつ》的に聞こえるかもしれないが、実際には必ずしもそうとは限らない。軽蔑は見る人の偏見の中にある。沼自体の性質ではないのだ。沼はたくさんの微生物が栄える豊かな生態系である。この地上の生命は、おそらく沼に似た環境から生まれてきた。我々の腸は、近年、免疫《めんえき》系にとって重要な役割を果たしていることが示されてきており、この腸内には、健康維持に不可欠な微生物の豊かな生態系がある。

実際、人の〈生きがい〉は、もしも十分な多様性と深みがあれば、沼に似る。要するに、沼には栄光があるのである。そこには八百万の神がいるのかもしれない。

自分自身にこう問いかけてみてほしい。あなたの心という沼の中で、あなたに困難を乗り越えさせる小さな物事は何か？　そういう小さな物事に注目し、心の中に持ち続けよう。

第九章　〈生きがい〉と幸福

日本のサラリーマンは、献身的存在であり、自己否定の象徴であると考えられている。そのイメージはある程度は間違いではない。「過労死（karoshi）」という言葉は、文字通り仕事のしすぎで死ぬことを意味しており、国際的に使われる言葉になっている。しかしながら、自分の会社に言われるがまま献身するという古い倫理は、日本のような国においてでさえも、今では受け入れられないものになっている。

我々はみな、組織に要求される仕事倫理に厳密に従っていては、必ずしも幸福になれないということを直感的に知っている。〈生きがい〉という強靭《きょうじん》な感覚を持つためには、ワーク・ライフ・バランスを保たなくてはならない。別の形の〈生きがい〉、例えば、サラリーマンが会社を辞めて、自分の生き方を始めるとか、働いている妻のために、夫が主夫として家の仕事をやるというような、新しい波が日本に届いている。

それらは自由な働き方というグローバルな傾向を反映したものであると同時に、いくつか日本独自のひねりがある。

例えば、「脱サラ」は、サラリーマンが、安定しているが刺激のない、会社の勤め人としての生活をやめて、自分の情熱を追い求める決意をする現象を言う。語源としては、「脱」は「脱《ぬ》ける」ことで、「サラ」は「サラリーマン」の略である。時には、経済状況のせいで解雇の憂《う》き目に遭ったがために、「脱サラ」を余儀なくされることもある。日本では一度雇用されたら、定年で退職するまで仕事が保証されるというわけではなくなってきた。「脱サラ」の形はさまざまだ。バーやレストランをやったり、農業を始めたり、芸術家になったりする。共通する特徴を挙げるとすれば、多くの場合、これらの職業が〈生きがい〉の延長だということだ。——勤め人だった頃、趣味で自分が情熱を燃やせること、自分が面白く感じられて満足できることをやりながら、これで生活費が稼げたらいいのに、と思っていた、それをやっているのである。

仕事という文脈の外に〈生きがい〉を持つことができる精神性が、「脱サラ」の精神性とうまく共鳴する。キツい稽古《けいこ》に人生を捧《ささ》げなければならない相撲取りでさえ、カラオケや釣りなど、さまざまな趣味を持っていることで知られている。これが引退後のキャリアに役立つのだ。

言うまでもなく、仕事外の活動を人生の喜びにするというのは、日本に限られた現象ではない。

「テッド神父（Father Ted）」というイギリスとアイルランドで放映された伝説的コメディ番組では、主要な登場人物がみな、職務規程を満たすこととは別に、それぞれに生きる理由を持っている。この今や古典となったコメディは、三人のカトリック司祭と、彼らの家政婦が、架空のクラギー島で、つましく暮らすさまを描いている。テッド・クリリー神父はお金を稼ぐこと、世間に認められることに大変熱心で、女性に目がない。ドゥーガル・マグワイア神父が何事にもお気楽でいる一方で、ジャック・ハケット神父はお酒を欲してばかりいる。家政婦のドイル夫人は紅茶を淹《い》れるのがとても好きで、誰かが夜中にお茶を飲みたいと言ってきたら大変だと、一晩中起きているほどに執着している。グレアム・リネハン氏とアーサー・マシューズ氏によって書かれた脚本で、これら主要な登場人物の風変わりな性質によって引き起こされる行き当たりばったりの冒険が描かれている。

たくさんの言葉では語られていないが、「テッド神父」の登場人物それぞれの趣味は、間違いなく彼らに〈生きがい〉の感覚を与えている。あるエピソードでは、テッド神父がたばこに、ドゥーガルがローラースケートに、ジャックがお酒に夢中になっている。彼らは一応これらの習慣を止《や》めようと努力しているが、これらを楽しんでいるからといって聖職を去ろうとは決して考えない。少なくとも、聖職に就いているということと、娯楽を追い求めることは別なのである。

フィクションであっても、「テッド神父」の設定は、〈生きがい〉がもたらすいくつかの側面を示していて、教訓がある。一つは、〈生きがい〉は、その人のプロとしての人生に直接的に関わっている必要はないということ。三人のカトリック神父にとっての「生きる理由」は、神父という彼らの責務とは何も関係がない（彼らはそもそも神父らしいことを何もやっていない、と言っておくのが妥当なのであるが）。二つ目は、「生きる理由」は、他者からは大変で不必要に見えることがあるということ。紅茶を淹れるのには面倒がたくさんあるけれども、ドイル夫人は彼女の仕事を取り上げられることに耐えられない。あるエピソードでは、テッド神父がよかれと思ってドイル夫人に最新のティー・メーカーをプレゼントするのだが、彼女は心の中で猛烈に怒って、誰もいないときにその高価な機械を壊してしまう。それで彼女は、紅茶を淹れる苦労をその後も楽しむことができるようになったのだ。

「テッド神父」の登場人物の行動は実際よりも大げさかもしれないが、たとえそれが喜劇的な効果をねらったものだとしても、我々はこの人たちの個人的な〈生きがい〉

に共鳴してしまう。

日本人は、娯楽ということになると、独自のこだわりを持っているものである。現代日本の会社に勤めている人たちは、やっている仕事に満足していないことがしばしばあるため、日本は、日々の仕事と関係のない目的に熱中する趣味人が多い。大々的に趣味を楽しむというのは、ある意味、「小さな喜びを持つ」ことの拡大版と言える。人は、ある課題が完成に至るのを見て、達成感を味わう。〈生きがい〉の活動が、何かその人にとって価値ある物を生み出す限り、その完成作品を愛《め》でる喜びは、「何かをやった」という満足感にあるようだ。――例えば、自家栽培の野菜を食べることがそうだ。満足は、初めから終わりまで何かを作りあげることで得られる。その過程と結果の両方に人は喜びと満足とを感じるのである。

ものすごい数の人々が、積極的に自分で漫画を製作し、「コミケ」（コミック・マーケットの略）で売っている。実際、「コミケ」への参加は、〈生きがい〉の最高の例とも言えるものだ。

「コミケ」は一年に二度（八月と十二月）、東京・有明の展示ホール、「東京ビッグサイト」で行われる。東京ビッグサイトは、未来型ロボットのような外観が自慢で、「コミケ」の会場として、熱烈な漫画ファンのための聖地のような存在であり続けてきた。一九七五年に初めての集会を開いたときは、来場者たった七百人というつつましい会だったが、今では「コミケ」は毎年何十万人という参加者の集まる、ファンとメディアの注目をさらう一大イベントに成長した。現在までのところ、「コミケ」は、世界中で、その種の集まりとしては最大である。二〇一五年に約十六万七千人の来場者を集めた、サンディエゴ・コミコン・インターナショナル会議がそれに続いている。比較のために言うと、コロナ禍以前の二〇一九年「冬コミケ」は約七十五万人が来場した。

「コミケ」の参加者は自費出版の漫画雑誌「同人誌」と、漫画に関連した作品を売る。売り手は「サークル」と呼ばれる。一回の「コミケ」で、大体三万五千サークルが出ている。スペースが限られているので、厳しい選抜と抽選のプロセスがあり、どのサークルが参加できるか決められている。通常七十パーセント前後の当選率である。

売り手は約一万円の参加費を払って、九十センチメートル×四十五センチメートルの展示スペースをもらう。サイズとしてはつつましい一区画だが、希望に満ちた売り手と、熱意ある買い手にとっては、ここここそ「夢の作られるもと」なのである。めったに起こることではないのだが、「コミケ」の売り手が、競争の厳しいプロ市場に上がる道をつかむことがある。稀少《きしょう》で人気の同人誌作品は、もともと「コミケ」で売っていた値段の十倍、時に百倍の値でオークションサイトで売れることもある。しかしながら、サークルの大半は、来場者に同人誌をいくらか売って満足している。それでも、サークルのいくつかには、熱烈なファンがついていて、朝ゲートが開くと同時に、買いたい人たちがその区画へと走って行く。

「コミケ」という組織は、アマチュアのボランティアの人たちに支えられている。一回の「コミケ」に三千人のボランティアが効率的に協力して働いている。二〇一五年に放映されたＮＨＫのドキュメンタリーは、そのボランティアが、売り場を作るために六千ものテーブルを一時間以内に配置する様を、印象的に示していた。

同人誌の売り上げとは別に、「コミケ」をこんなにも有名にした特色は、コスプレ（コスチューム・プレイの略）である。コスプレでは、参加者が人気のアニメや漫画のキャラクターとそっくりの衣装をまとい、向けられるカメラに対してポーズをとる。コスプレイヤーたちは、普段の服装で東京ビッグサイトに来て（結局、いくら東京と言っても「ドラゴンボール」や「NARUTO－ナルト－」の登場人物が地下鉄に乗っていて、奇異の目で見られないですむわけではないのである）、「コミケ」という安全で好意的に見てもらえる聖域に着くやいなや、キャラクターの衣装に着替えている。一回の「コミケ」で、おおよそ二万七千人、すなわち全来場者の内の五パーセントがコスプレイヤーである。

コスプレイヤーは自分自身を好きなキャラクターに変身させるために、信じられないほどの努力をしている。どうしてこんなことをするのか？　NHKのドキュメンタリーで紹介されている少女は、コスプレの過程で経験する変化が楽しいのだと証言する。例えば、いつもは粛々と働いている少女が、ひとたび自分の選んだアニメキャラクターへの変身を完了すれば、熱烈なファンの注目、賛美の的になるのである。

「コミケ」はますます国際的なイベントになってきている。二〇一九年冬の「コミケ」の訪問者の約二パーセントは、海外からの人たちだった。この数値は、コロナ禍がなければこれからますます上がっていくことが予想されていた。通常現場には他国からの人々を助ける多言語話者ボランティアがいる。「コミケ」のウェブサイトは、四つの言語（日本語、英語、中国語、韓国語）で案内を出している。CNNやBBCといった国際的なメディアが過去にこのイベントを取材している。「コミケ」の展示ホールに入るために忍耐強く待っている群衆の、とてつもなく自制的で合理的に振舞う穏やかな様子を映し出したタイムラプス動画が、国際的に大評判になっている。

こうしてグローバルな関心を惹《ひ》きつけているにもかかわらず、「コミケ」には、日本的な性質を保った特徴が多くある。「コミケ」参加者の価値観や、行動パターンを調べてみると、〈生きがい〉の哲学を反映した、興味深い、道徳観や行動基準の数々が浮かび上がってくる。

参加者の動機は、金銭的な報酬、社会的な認知というより、主に、同人誌を作るとか、コスプレをするとか、その行為自体の喜びから来ている。コスプレイヤーの中には、成功して「コミケ」で大きな注目を集める人がいるのは確かである。しかしながら、それがそのまま、キャリア上でも、金銭上でも、利益をもたらすことになるわけではない。コスプレイヤーは、「コミケ」で十五分間の名声を楽しんだ後に、日々の仕事を辞めたりはしない。

「コミケ」への参加は、特に日本的な意味での〈生きがい〉の感覚を与える。例えば、ここにはスターのシステムはない。注目や賞賛は、それぞれの参加者に等しく与えられる。もちろん、売り上げの数値や、ファン層の厚さに違いはあるものの、この場で出される賞などはないし、それぞれの売り手（サークル）は、まったく同じにつつましい方法で（すなわち九十センチ×四十五センチの販売スペースを与えられて）扱われる。

「コミケ」がどのように組織されているかを見ると、〈生きがい〉が「幸せ」という一般的な感覚にどう結びつくかがわかる。実際〈生きがい〉は、我々の「幸せ」の認識に密接に関係している。我々はみな幸せになりたいと思っている。そして、もしも〈生きがい〉を少し持っていれば、より幸せを感じることになる。人が幸せをどう認識するかは、生活の中では大問題だけれども、科学的にも興味深い問題だ。

人は、幸せになるためには必要な条件があると思い込んでいる。幸せになるためのその仮説では、教育や、雇用や、結婚相手や、お金など、いくつかの要素を手にしていること、あるいは、それにアクセスできるようになっていることが必要だとされる。しかし実際の科学的研究は、人間の人生の中で、幸せになるために絶対に必要な要素など、ほとんどないことを示している。例えば、一般に信じられていることとは対照的に、たくさんのお金は、必ずしも幸せにはつながらない。確かに快適に暮らすために十分なお金を持っていることは必要であるが、それ以上持っていても、お金で幸せを買うことはできないのである。子供を持つことも、より幸せになることに必ずしもつながらない。結婚も、社会的地位も、学問的成功も、——幸せになるために必要なものだとしばしば考えられているが、これらの要素は、実際には幸せの本質とはほとんど関係がないと示されている。

ある研究者は、「フォーカシング・イリュージョン」と呼ばれる現象を調査してきた。人々は幸せに必要なものとして、人生のある物事を、実際にはそうでないのに、重要視する傾向がある。「フォーカシング・イリュージョン」という言葉は、人生のある側面に、人生の幸福が全部それにかかっていると思い込んでフォーカス（注目）してしまうことがあるという考えから来ている。ある人たちは、例えば、「結婚」が幸せには絶対に欠かせない条件であるというような、フォーカシング・イリュージョンを持っている。この場合、この人たちは独身でいる限り、不幸せだと感じることになってしまう。ある人たちは、十分なお金がないから幸せにはなれないと嘆いているし、ある人たちは、適切な仕事がないから不幸せだと確信してしまっている。

フォーカシング・イリュージョンを持つことで、我々は自分自身で不幸を感じる理由を作っている。もしも、不幸が、幸せになるための必須《ひっす》要素がなにも存在しない空白のことをいうなら、その空白は、その人の偏《かたよ》った想像力が作ったものである。

幸せの絶対的公式などないのだ。――各自の特殊な人生の条件が、各自の方法で、幸せの基礎となり得るのだ。結婚して子供がいたら幸せかもしれないし、結婚して子供がいなくても幸せかもしれない。独身で、大学を出ていても、出ていなくても、幸せかもしれない。痩《や》せていて幸せかもしれないし、太っていて幸せかもしれない。カリフォルニアのような暖かい気候で暮らしていて幸せかもしれないし、モンタナという厳しい冬のあるところで暮らしていて幸せかもしれない。相撲取りとして、横綱になれたら幸せかもしれないし、ずっと雑用をやりつつ、負け続けていても、諦《あきら》めず、幸せかもしれない。

要は、幸せになるためには、自分自身を受け入れる必要があるのだ。自分自身を受け入れることは、私たちが人生で直面する中で最も重要で、難しい課題の一つである。しかし実は、自分自身を受け入れることは、あなたが自分自身のためにやれることの中では最も簡単で、単純で、有益なことである。——これこそ幸せになるための、低予算、メンテナンス不要の公式だ。

ここでのひらめきは、自分を自分として受け入れることは、逆説的に「自分を解放する」ことにつながる、ということだ。特に、こういう風になりたいとあなたがしがみついている架空の自己があるときにはそうなのである。あなたは、自分自身を受け入れて、幸せになるために、その架空の自己を手放す必要がある。

モーリス・メーテルリンクの戯曲「青い鳥」では、少女ミチルと、兄のチルチルが、幸せを探す旅に出る。この兄妹は幸せの青い鳥はどこか別のところにいるのだろうと考えている。たくさんの努力をするにもかかわらず、幸せの青い鳥はどこにも見つからない。がっかりして、家に帰ってくる。すると幸せの青い鳥が、まさに自分たちの家にいて、元気よくさえずっているのを見て驚く。実際、幸せの青い鳥は、最初からずっとこの子らの家にいたのだ。この話はあなたに何を伝えるだろう? 一九九六年に、イタリアの研究者が神経科学における重要な発見をした。猿の脳を調べているとき、たまたまある神経細胞群が、「猿自身がある行動をする」ときに活動することを発見した。そしてその同じ神経細胞群は、驚くべきことに、「他者が同じ行動をしているのを見ている」ときにも活動した。このような特性を持つ神経細胞は、鏡のように反応するという意味で「ミラー・ニューロン」と名づけられた。

ミラー・ニューロンは、人間の脳の中でも見つかっている。今日、これらの神経細胞は、他者の心を推定するマインド・リーディングなど、コミュニケーションの様々な場面で使われていると考えられている。ミラー・ニューロンは、自分自身と他者とを比較するときには不可欠だと考えられる。それは、自分がどんな種類の人間なのかを認識するために必要なステップである。

バスルームにある鏡は、あなたの身体的な外観を映し出す。しかしながら、あなた自身の個性を理解するためには、あなた自身を映し出す他者という鏡が必要だ。あなた自身と他者との間の類似、差異を認識することを通してのみ、あなたは自分の特性を現実的に評価できるようになる。

ミチルとチルチルもそうである。広い世界を旅して、自分と他者とを比べた後だからこそ、自分自身の実際の性質に気づくことができたのだ。兄妹はその時にはじめて自分自身のありのままを受け入れることができた。幸せの青い鳥という話は、我々に、各自の条件を引き受けて、幸せを見つけろと言っているわけである。隣りの芝生は青く見えるかもしれないが、それは幻想に過ぎない。

「コミケ」に来て、対等に交流している人々は、それをよく知っている。人は幸せの青い鳥を探しに「コミケ」へやってくる。そして、探し求めていたものを、他のどこかではなく自分自身の中に見つける。コスプレをして現実離れしたアニメキャラクターになることを楽しんだ後、人はその喜ばしい衣装を脱いで、自分自身へと戻っていくのだ。

第十章　あなたがあなたであるために、あなた自身を受け入れる

山口富蔵《やまぐちとみぞう》氏は、「末富」という有名な和菓子屋の三代目当主であり匠《たくみ》である（現在の当主は四代目・山口祥二《しょうじ》氏）。「末富」は一八九三年から、茶会など、さまざまな行事で供するための菓子を製造してきた。

山口によると、例えば、花を象《かたど》った菓子があるが、それらはどれも少しずつ色、形が違う。それは、職人の技術に問題があって、同じ形になるように作れないのではない。そうではなくて、自然界にはまったく同じ花は二つとないから、職人はあえて形を一つずつ変えているのだ。

現代の産業においては、「製品は可能な限り一定の質で作られるべきだ」というのが、最も根本的な前提となっている。例えば、自動車を作るときには、それに使われる機械部品、電子部品が、何千という単位で寸分違《たが》わず複製されなければならない。

そうでなければ、精密な自動車製造は不可能である。

しかし、こういったアプローチを自然はとっていないはずである。人間を含め、自然の生き物はみな違う。自分の周りを見渡してみれば明らかなことに、一人ひとり異なっている。一卵性双生児でさえも、異なった個性に育っていく。人は自分と違う民族の人々を見ると、みんな同じに認識するところがある。しかしながら、よく見れば、個人の違いがわかるようになってくる。

山口がいみじくも指摘するとおり、多様性は、自然の最も偉大な特徴の一つだ。一つひとつの菓子を、他のものと少しずつ違うように作るというのは、実際とても写実的である。人間は文化の影響や、その人個人の経験でも異なってくるために、実は、花や葉やその他自然界に生きているものたちの何よりも、人間には多様性が表れる。たとえ同化圧力があるとしても、他の人と同じになろうとするのは無駄である。だから、リラックスして、ただ自分自身でいればよいのだ。

日本の「十人十色」ということわざは、個性、感受性、価値観は、人それぞれ違う、という意味である。自分の〈生きがい〉を追うときには、好きなだけ、自分らしくいればよいのである。我々一人ひとりが少しずつ違うのだから、あなたがあなた自身であるべきだというのは、至極当然なのである。

日本は、文化的、民族的に比較的均一な国家だと世界的には見なされており、それで多様性を認める力が高いというのは、矛盾しているように見える。日本政府は、移民について、公然と厳格な制限を設けている。またコロナ禍以前にはよく見られた、駅員がサラリーマンをぎゅうぎゅう押し込んで、通勤電車いっぱいに閉じ込めていく光景は、個性の尊重とはほど遠いように見える。日本では、結婚や、家庭生活にいまだある種の固定観念を持ちつづけていて、政府は、すべてのジェンダー、性的少数者たちを等しく扱う法律の制定をしぶっている。

日本人自身、自分たちの国を一つのまとまった国家だと考えがちであることは確かだ。グローバル化によって、この国の精神性も変わってきてはいるが、日本人は、自分たちを同質な人間の集まりと考える傾向がある。とは言え、日本社会には、個性の表現に関し、興味ぶかい奥深さがある。他者と調和した関係性を保ちながらも、個性を生かし続けるための小技をたくさん持っているのである。

これには歴史的な理由がある。江戸時代に、徳川幕府は社会の安定性を維持するために、たくさんの法令を出した。それは当時の人々には適切だと思われたものだった。その法令の一つで、しばしば出されたのが、贅沢《ぜいたく》を禁止する倹約令である。江戸の経済発展に伴い、商人の中には、大金持ちになって、莫大《ばくだい》な浪費をする人たちが現れた。

そうして蓄積した贅沢品を見せびらかすことは、広がっている階層間の格差を示してしまうことになり、社会の安定性を脅《おびや》かすと考えられた。幕府はそれゆえに、過剰な浪費を禁止する一連の法令を出したのだった。裕福な商人は、表面では、それに従った。当時将軍に刃向かうことなどありえなかったからである。しかしながら、彼らは自らの楽しみを密《ひそ》かに追い続けていた。その技の一つは、あくまでも外観は控えめに保ちながら、自分の着物の裏地に高価な材料を使うことだった。外向けには目立たないようにして、内なる個性を開花させるという考えは、長年に亘《わた》って日本の人々が育《はぐく》んできた知恵である。この技は、どんな社会でも役に立つことだろう、特に社会的監視がうるさい時代には（今日のソーシャルメディアの圧力を考えてみるとよい！）。

控えめな外観を維持しながらも、独自性を確保するという日本人の方法は、現代の文脈では、良い点、悪い点の両面がある。例えば、スティーブ・ジョブズや、マーク・ザッカーバーグのような不服従の精神を持つ個性が、日本では簡単には容認されず、そのため、この国で破壊的なイノベーションが育つことは難しくなっている。既存のビジネスと対立する、ウーバーや、エアビーアンドビーのような新しい形のサービスが、日本に定着するのはとても時間がかかる。コロナ禍がやってきてウーバーイーツはかなり定着したのだが。いずれにしても突出した個性を表現させないことが日本の教育システムを窒息させており、今、それは、個人の多様性よりも、従順な性質を育むことに力を入れているように見える。

多くの日本人は、おそらくそうした社会的風潮の結果、私的な領域で、個性的な〈生きがい〉を追い求めることを選んでいる。個性の表現においてはこのような隠れたやり方が唯一《ゆいいつ》の解ではない。しかしながら、少なくとも面白い解法だとは言えるだろう。

サラリーマンは、没個性に見えるかもしれない。しかし、面白みのないジャケットの内側に、アニメや漫画に対する情熱を隠しているかもしれない。平日には会社の従順な社員かもしれない。しかし、夜や週末は、「コミケ」のスターになっているかもしれないし、アマチュアロックバンドのボーカルをしているかもしれないのだ。表面的には従順な人物が、人格の深層を耕し育てていることはあり得るし、そのような層は表には現れないのかもしれない。そう考えることには解放感がある。さらに、それぞれの個人の人生への向き合い方は、実際とても独特だ。個性というものは、見つけて手入れすべきものであり、単に最初からそこにあって保存すべきものではないのだ。

〈生きがい〉を「社会全体と調和する中で、個として生きること」と定義すると、競争や比較をすることで受けるストレスの大半を減らすことができるはずだ。あなたは、自分の個性について、大々的にトランペットを吹き鳴らす必要はない。ただときどき自分自身にささやけばよいだけなのだ。

埼玉で有名なとうふ店を営む山下健氏《やましたたけし》は隠れた哲学者だ。彼は、とうふの唯一重要な材料である大豆の多様性について、あたかも人間の魂の個性について話しているかのように語る。NHKの番組の取材の中で「それはプラトンというよりアリストテレスだ」と山下は言った。彼は撮影班が完全にうろたえているのをよそに、シェイクスピアの作品まで引用する。どうもシェイクスピアの傑作が、とうふ作りの芸術に関係し、大豆の選別にも重要なようだ。自分のとうふ作りについての、山下のその特異な説明の仕方は、〈生きがい〉に対して独自のアプローチをしている人と会ったときに見かけるもので、特に、個性の表現が必ずしも派手な形を取らない国では、こういうことは珍しくないのだ。

〈生きがい〉と幸福は、自分を受け入れることからやってくる。他者から認められることは、確かに一つのボーナスである。しかしながら、少し間違えばそれは自分を受け入れるという極めて重要なことを邪魔してしまうこともある。京都で和菓子の製法に言及する際に、山口が看破したように、自然界のものは一つひとつ違っている。

我々人間もまた、一人ひとり違う。

あなたがあなたであることを祝おう！　私はイギリスのコメディアン、マット・ルーカス氏とデヴィッド・ウォリアムズ氏が、「リトル・ブリテン（Little BRITAIN）」という作品のプロモーションで東京に来たときに、彼らと会話をする幸運を得た。会話の中でルーカスは、学校で笑いものになっていたことを明かした。それゆえに、創造的自己防衛として、人に笑われる前に、人を笑わせ始めたのだと言った。ウォリアムズは、笑いは自己防衛の一番の形だと言って同意していた。

認知科学的に見ると、笑いは、前頭葉の働きに支えられた、一種のメタ認知だと考えられる。メタ認知の状態では、あなたはあなた自身をまるで外側から見ているかのように見る。それをすることによって、自分の意識に、外側から見た新鮮な洞察を補い、あなたは、自分自身の弱点や欠点と折り合いをつけていくのである。

あなたは自分の真実のイメージと直面するのが怖いと思うかもしれない。そういう場合は、自分をメタ認知することによる、良質な笑いの一服が役に立つ。もしもメタ認知が、ただちに楽しい気分に導いてくれなかったとしても、たとえ好ましいイメージでないにせよ、自分自身の現実的なイメージを持っている方が良いのは確かだ。

〈生きがい〉の最も重要な秘密は、究極的には、自分自身を受け入れることにほかならない。たとえその人がどんなに変わった特徴を持って生まれていても、である。〈生きがい〉には唯一の最適な方法などない。我々の一人ひとりが、自分自身で、我々の比類なき個性の森を探究しなければならない。しかし、あなたの〈生きがい〉を探している間、良い笑いとともにあることを忘れずに。――今日も、そしていつでも！

結論　自分自身の〈生きがい〉を見つける

〈生きがい〉の五本柱をもう一度見てみよう。

柱1：小さく始める
柱2：自分を解放する
柱3：持続可能にするために調和する
柱4：小さな喜びを持つ
柱5：〈今ここ〉にいる

さあ、この本を読んできて、これら〈生きがい〉の柱がどう見えてきただろうか？

・人生の問題を解決するのに役立つ洞察が得られただろうか？
・目先の報酬を求めずとも、小さく一歩一歩、物事に挑戦したい気持ちが出てきただろうか？
・他人と調和することと持続可能性に大事なつながりがあることが見えてきただろうか？
・他人の独特なキャラクターに寛容になり、かつ、自分自身が風変わりと見られても気にしないでいられると感じるだろうか？
・小さな物事に喜びを見つけることができそうだろうか？

〈生きがい〉についてのこの入門書で、これらの柱の重要性が、改めて深い意味で理解できるようになっていたら嬉しい。この本が、あなたが悩んでいる問題を解決するために必要な糸口を提供できたら本当に嬉しい。

〈生きがい〉という概念は、日本で生まれたものだ。しかしながら、〈生きがい〉は国境を遥《はる》かに超えて深い意味を持っている。日本文化がこの点で何かしら特別だと言うのではない。ただ日本に特有の文化的条件と伝統が〈生きがい〉という概念を育《はぐく》むに至っただけである。実際、世界で話されている何千という言語の中には、〈生きがい〉に似た概念がいくつかあるかもしれない。すべての言語は結局、何世代にも亘（わた）ってその話者が生きる努力、また生かす努力をしてきた結果だという点で、平等な立場にあるのだ。

現代日本で尊敬されている文芸批評家の小林秀雄《ひでお》氏は、可能な限り長く生きたいと言っていた。彼は自分自身の経験から、人生にもう一日あれば、また別の発見があって、もっと知恵を得られると信じていた。彼の担当編集者だった池田雅延《いけだまさのぶ》氏によれば、小林は、人生で何が重要かを表すメタファーとして、「ユニバーサル・モーター」の話を良くしていた。すべてのヨットには、ユニバーサル・モーターがついている、と小林は言う。「世界中のヨットというヨットが、みんなこのモーターを積んでいる。いま、エンジンメーカーはどこもかしこもスピードを競いあっているが、ユニバーサル・モーターだけは昔ながらのモーターを造り続けている。このモーターは、スピードは出ない、しかし絶対に壊れない。ヨットがこれを必ず積んでいるのは、航行中に帆柱が折れるなどしたとき、確実に港へ帰り着くためだ。だから、このモーターにスピードは必要ない、絶対に壊れない、それだけが肝心なんだ……」。

〈生きがい〉は小林の言うところの「ユニバーサル・モーター」だ。何が起ころうとも、〈生きがい〉を持っている限り、あなたは、人生の困難な時期をなんとか切り抜けていくことができる。あなたは、必ず安全な避難所へ戻ってくることができる。そこから、また人生の冒険をやり直すことができる。

この本で見てきたように、〈生きがい〉は唯一《ゆいいつ》の価値体系からは出てこない。唯一神からの命令には書かれていない。それは、様々な小さな物たちとの豊かな共鳴の中から出てくる。それらは何一つ、それ自体では人生の壮大な目的を果たしはしない。

この本を読んで理解してもらえただろう〈生きがい〉を巡る価値が、人生で新しい物事に挑戦し、また、物事を一歩一歩変えるべく、あなたを刺激することを祈っている。あなたの新しい始まりに、ファンファーレが高らかに鳴り響くべきではない。むしろ、〈生きがい〉が作り出す変化は意識の中で、激烈にではなく、ゆっくりひたひたとやってくるだろう。人生には、革命ではなく、進化が必要だ。人生に革命を起こそうという幻想はしばしば——新しく見つかった原理、新しい考え方や行動の仕方、初めから人生をやり直そうという考えに押し流されて——人々に道を誤らせてきた。〈生きがい〉はただ、あなたが既に持っている直感を強化するものに過ぎないからこそ、その変化はゆっくりで控えめなのである。ちょうど人生がそうであるように。

訳者あとがき

夢が叶《かな》うときは大体、思ってもみないかたちで起こるらしい。英語で本を出すことは、私の脳科学の師である茂木健一郎さんにとって、長年の夢だった。

学問の世界では、「日本人は外国から輸入するばかりで、輸出しない」というのが定説だった。それで悔しい思い、じれったい思いをしてきたので、自分が何をどう考えているかをまず輸出したいというのが師の夢だったわけだ。

それは脳科学にブレイクスルーをもたらす研究でなのか、師が科学の他にもう一つ格別な愛情を持っている文学という芸術でなのかは、誰にもわからなかった。

〈生きがい〉について英語で書いてみないか、という話は突然に、西欧の知り合いからもたらされた。〈生きがい〉という私たちにとってあたりまえの言葉の何が面白いのか、西欧では〈IKIGAI〉がブームになっていた。それを、日本人が自分たちの言葉でちゃんと説明してくれないか、という要請がイギリスの出版社からあり、適任として白羽の矢が立ったのが茂木健一郎さんだったのである。

「生きる目的」はもちろん、どんな国の人も持っている。しかし、それは必ずしも日本語の〈生きがい〉の含意するものとは違うようだ、ということに西欧の人がまず気がついた。唯一《ゆいいつ》の絶対神に、あるいは、他の誰かに誇れる、仕事の業績、家族、そして、人の役に立つ壮大な人生プランが、彼らにとっての「生きる目的」である。

一方、日本人は、目が覚めて一番に飲むコーヒーの香り、犬の散歩、車窓からぱっと目に入る満開の桜並木、という、人に伝えて「だからどうした」と言われるものが〈生きがい〉になることがある。

〈ＩＫＩＧＡＩ〉の本が英国で出版された後、ＢＢＣのラジオ番組に出演した際の茂木さんの話を聴いて、私自身はっとした。「たしかに、生きていくのに、毎日のコーヒーが果たしてくれる役割って、大きい。ほっとする時間を私に与えてくれて、その間だけは、誰のものでもない。自分が思っているより、自分の支えになっているのは、小さなものなのかもしれない。なぜ大事なのか理由が言えないようなものが、ほんのひとときでもそこにあることに支えられて生きられるのなら、『目指したものになれていないから生きている価値がない』とか、『こうでなければならない』って思うのは、大間違いなのかもしれないな。これは、私たち日本人は実は、誰よりも『自由』についてラディカルになれるかもしれないということ？　そうしたら、西欧の人たちにも、私たちの持っている感覚が、福音になることがあるのかもしれない」――そんな気がした。

茂木さんは、NHKの「プロフェッショナル 仕事の流儀」という番組で、日本で活躍している人々に数多く、また深く、インタビューした経験を持つ。日本人が活躍するときの秘訣《ひけつ》を、茂木さんはそのような仕事からも感じていた。自分自身でしばしば「一人学級崩壊」と語っているように、茂木さんは、本当に落ち着きがない。科学者をやり、マラソンをし、テレビのキャスターをし、文章を書き、芸術を論じ、ご自分も絵を描き、英語力を鍛える。初めて会った人には「本業は何なのですか?」と聞かれてしまう。ときには、研究だけをやっているわけではないことで、「科学者ではない」という批判も受ける。

しかし茂木さんのこのような生き方の根底にあるのは、「何事も、何人《なんぴと》も、決めつけない」という態度である。自分のことも、科学者だなんだと決めつけられたくないし、やりたいことはなんでもやる。だから、他人のことも決めつけない。あるときこんなことを言っていた。「電車の中で、前に座っている人たちを見ていて、ふと、自分はこの人だったかもしれないんだ、どの人だったとしてもよい、と思った」。茂木さんの人生を貫くこのような態度が、まさに、「どんな人にも、どんなものにも等しく目を注ぐ」という〈生きがい〉の核心の発見につながったのだと思う。

日本人が日本人を賞賛する動きは増えているが、この本は賞賛というより、自覚の本なのだ。弱さであり、強みであるものを、自覚して、「自分はこう生きる」という本だ。

小さなものを大事にして、喜びを感じ、人生の糧《かて》にする。「決めつけない」という態度だからこそ得られる〈生きがい〉がある。私自身も、これが日本人として既に備わっていること、そしてより深めていけることに気付かせてもらえたことは、幸いである。

恩蔵絢子

この作品は二〇一八年五月『ＩＫＩＧＡＩ　日本人だけの長く幸せな人生を送る秘訣』として新潮社より刊行された。文庫化にあたり改題した。

Title: THE LITTLE BOOK OF IKIGAI: THE ESSENTIAL JAPANESE WAY TO FINDING YOUR PURPOSE IN LIFE
Author: Ken Mogi

Japanese translation published by Shinchosha Publishing Co., Ltd. arrangement with Quercus Editions Ltd., a company of Hachette UK Ltd.

生《い》きがい

—世界が驚く日本人の幸せの秘訣—

新潮文庫　も－31－5

Published 2022 in Japan
by Shinchosha Company

令和四年五月一日発行
令和六年十一月十五日二刷

訳者　恩《おん》蔵《ぞう》絢《あや》子《こ》
発行者　佐藤隆信
発行所　株式会社新潮社

郵便番号　一六二—八七一一
東京都新宿区矢来町七一
電話　編集部(〇三)三二六六—五四四〇
　　　読者係(〇三)三二六六—五一一一
https://www.shinchosha.co.jp

価格はカバーに表示してあります。

乱丁・落丁本は、ご面倒ですが小社読者係宛ご送付ください。送料小社負担にてお取替えいたします。

印刷・錦明印刷株式会社　製本・錦明印刷株式会社

ISBN978-4-10-129955-6　C0198